安斎庫治
聞き書き

日本と中国のあいだで

竹中憲一 編

皓星社

在りし日の安斎庫治。演説は明快さとユーモアに富み、聴く者をそらさなかった。
1967年（『安斎庫治追悼集』（1995年）より）

北京でのご夫妻
（左から安斎さん、エミ夫人、竹中の母）

北京にて（安斎さんと竹中の母）

北京で老専家たちと
(左から横川次郎さん、安斎さん、安斎エミ夫人、横川辰子夫人)

営まれていた柿生茶園。

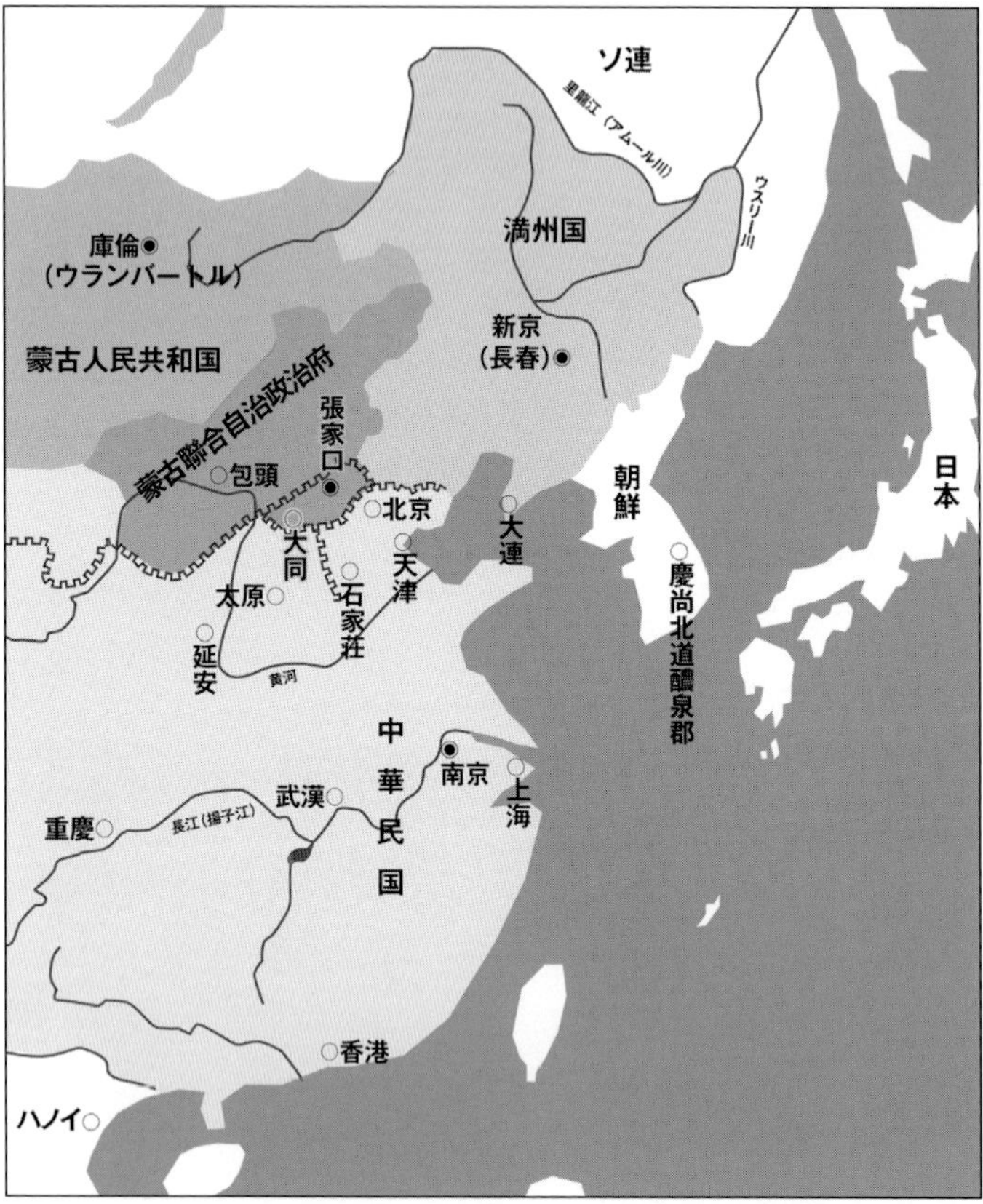

1940年代前半の東アジア

安斎庫治聞き書き　日本と中国のあいだで◎目　次

目次

第二部　対談再録

第三部　資料編

第一部　聞き書き——聞き手・竹中憲一

まえがき

経緯

私は一九七八年から一九八七年中国で日本語教師をしていた。その間、自室に開設した図書館の公開や、北京の歴史に関する建物を訪ねたり関係者の話を聞く（これは後に『北京歴史散歩』として上梓）、また何人もの「老専家」（註）とお話する機会を得ることができ、その一人に安斎庫治さんがおられた。その際、安斎さんからはテープに残して将来公表する許可もいただいた。

安斎さんは正確を期すために沢山の資料をお持ちになり、それを見ながら何日にも亘りお話してくださった。おそらく安斎さんは記憶違いによる誤りの無いように、また歴史の一コマとして自らを開示するという強いお気持ちがあったと思っている。

もちろんインタビューした当時、一部にはお話しにくいところもあり、録音を止めましょうというおっしゃった部分もあった。しかしそれにもまして私の力不足のために、後から読み直してみると、もっと突っ込んでお聞きすることが出来たらよかったと思うところが多々あり、忸怩たるものはある。

安斎庫治さんについて

安斎庫治さんは一九〇五年生まれ、幼くして「満州」に渡り、上海にあった東亜同文書院の二十七期生となった。一九三〇年同文書院内に共青団を組織、同年末上海総領事館警察により壊滅、一九三一年再建されるが一九三二年にはそれも解体される。後に満鉄調査部所属、戦後は日本共産党中央委員。一九六七年一月、宮本指導部批判の意見書を提出し除名される。一九九三年二月十七日心不全のため亡くなった。

聞き書きでの時代範囲について

この「聞き書き」は、一九八六年に北京滞在された時のインタビューテープを起こしたものである。内容は「満州」に渡ってから、一九五〇年代後半までの中国にいた時代の話が中心であり、それ以降の日本帰国後は多くない。テープ収録が一九八〇年半ばであり、一九六七年に宮本批判をして共産党から除名された後の話は当時の活動に繋がることもあり表には出せなかった。そのためテープ収録は共産党時代までとした。安斎さんの人となりの成り立ちの一部に触れることができればと思い公表するに至った。

原稿整理の方針

この「安斎庫治　聞き書き」については、内容に誤りがないかのチェック（表に出ないことが多く調べきれないところもあり）、話し言葉のため内容がだぶっているところ、聞き取れなかった部分で復元出来なかった所を整理する、見出しを付ける事にできるだけ留めるようにした。話の中で時代が項目毎に入り交じっている所もあるが、順序を全て時系列で並べ換えることはしなかった。話があちこちに飛んでまとまりがなくなってしまうと考えたためである。

年号は西暦、わかりにくいと思われる人名・用語には註を付けた。

二〇一五年夏

竹中憲一

註　老専家：中華人民共和国成立後に中国に残った日本人活動家や亡命米国人など外国人が、中国政府から「老専家」の称号を与えられ、北京友誼賓館で手厚く保護された。小池晴子著『中国に生きた外国人―不思議ホテル北京友誼賓館』（２００９年　こみち書房）に詳しい。竹中は安斎氏と同時期、これらの日本人老専家の多くを取材した。

第一章　東亜同文書院へ

日本から朝鮮へ、朝鮮から満州へ

竹中：まず十五歳で中国に渡られるまでの簡単な略歴をお話ししていただけますか。

安斎：私が生まれたのは、福島県安達郡渋川村大字渋川字桑原二十五番地（現・二本松市渋川）。私たちの先祖がそこへ行ったのは、今から七百五十年ぐらい前ですね。

鵯越の坂を馬を背負って降りた……。そういう伝説のある畠山重忠という人が武蔵にいたのですが、その子孫が足利尊氏から奥州探題に任命されます。その時、私たちの先祖は千葉にいたらしく、畠山と一緒に連れられていったんですね。

移住したころは、荒れ地を開墾して百姓をやったらしい。だから、現存する先祖の墓は大体七百五十年ぐらい前までで、それ以前のものはありません。

私の親父の生活レベルは、中の下くらいでしょうか。非常に働き者だった。だが、大正二年(一九一三年)に、「ガシの年」があった。ガシはガスのことだと思います。ベーリング海から太平洋に寒波が来て、霧が出た結果、コメが取れなかったんですね。

それで親父は、自分が育てた人の子供が朝鮮に住んでいたので、文通して、大正二年に朝鮮に行きました。すでに六十歳を過ぎてたと思います。

竹中：ご家族が全員、移住したのですか?

安斎：ええ。みんな反対しましたが、親父が行くというもんだから、連れられていきました。私は、朝鮮に行きたくありませんでした。なついてた猫がいて、猫と別れるのがつらかったのです。私が親父の実家へ風呂をもらいにいく途中に小さな川があるんですが、そこまで送ってくるんですよ、猫が。

ところが朝鮮に行ったら、親父が鼻血をよく出すんです。酒を年中飲んでいたのが原因でしょうか。で、朝鮮でも開墾して百姓を始めたんですけれど、働けなくなっちゃったんです。

それで、私たちは子供の時から家の生活を支えるために苦労しました。兄貴と二人で新聞配達をやりながら、小学校を出ましたから。朝鮮の町の人からは、親孝行な兄弟だといって大変かわいがられました。

竹中：安斎さんは当時、九歳ですからね。朝鮮のどこに行かれたんですか。

安斎：朝鮮の慶尚北道醴泉郡醴泉面というところです。

竹中：南から、釜山、慶尚南道、慶尚北道とあるわけですが……。

安斎：ええ、一番北のほうですね。そこで新聞配達をやって、小学校を出ました。貧乏だったからね。

今でも忘れることができないのは、昼飯に豆を塩で煮たようなものしかおかずに持って行けなかったこと。そうすると、先生が平野吾作という人で、千葉県出身の人でしたが、ある日僕に「おい、ちょっとこの手紙を家に持っていってくれんか」というので持っていきました。すると、先生の奥さんが受け取った手紙を読んで、長い塩引きをくれましたよ。塩引きは、シャケの塩で引いたやつ。コイツに何かやってくれとか書いてあったんでしょうな。

朝鮮で兄貴は、小学校を出る前から裁判所の廷丁として家の生活を支えていました。それから、新聞配達では、人の温かさを感じましたな。例えば、朝早く鉄道の官舎で配ってますとね、おかみさんが「火に当たれ」と言ってくれるだけじゃなしに、汁粉をね、僕に食わしてくれたんですよ。朝鮮人の人たちはオモニと言うんですよ、お母さんを。オモニも私のことを、かわいそうだと思ったんでしょうな。かわいがってくれました。新聞配達で冷えた手をあたたかな手でつつんで温めてくれました。貧乏でしたけれども、背中にいつも人の温かさというものを感じつつ育った。これが僕の一つの世界観というか、人生観を作る大きな要素になったと思いますよ。

私はそういうことを、いまだに忘れません。学校の先生にもかわいがられたということですね。小学校を出ましたらね、その平野先生が僕に「学校へ行け、学校へ行け」と言うんですよ。兄貴と相談しましたらね、そのころ兄貴は満州の本渓湖というところに行っていたんですが、そこには煤鉄公司といって大倉組の溶鉱炉があったんです。二百五十トンの、今おもえば小さな製鉄所ですけどね、欧州大戦のときに鉄が値上がりしたもんだから、満州に製鋼所を作ったわけです。

その本渓湖というところには、粘結炭（註1）があったんですよ。

竹中：良い原材料がたくさんあったのですね。

安斎：ええ。その付近に南芬というところがありましてね、そこには磁鉄鉱が多くある。製鉄には、その他にマンガンと石灰石が必要なんですよ。石灰石はその付近の山にありましたから。

竹中：条件はいいわけですね。

安斎：はい、いい条件だったんです。兄貴はそこで溶鉱炉の職工をしていたわけです、私より先に。学校の先生は私に「学校へ行け、劉南（リュウナン）の鉄道学校へ行け」とか、「仙台の幼年学校（仙台陸軍幼年学校）に行け」とか言ってくれましたけどね、兄貴が一緒に生活したいというので、私は本渓湖に行ったわけです。

ところが、大正九年というのは欧州大戦が終わって不景気だった。なかなか就職できなかったんです。そんなとき、満鉄の雇用係の岡田さんという人がいろいろ心配してくれましてね。岡田さんの伝手で満鉄に入ったんですよ。

満鉄の臨時傭員として

竹中：それが十五歳のときですか。

安斎：十五歳です。一九二〇年ですね、大正九年。

最初は、乙種傭員というのになったわけです。今で考えると臨時傭員ですね。いわゆる緊縮政策が始まった時で、正社員では雇いにくかったんでしょう。そん中でも無理して入れてくれたわけですね。

僕がそこで不満を感じたのはね、同じに満鉄で働いているのに、僕だけはパスが出ないんですよ。従業員にはみんな汽車に乗る時のパスが出るんです。それから、風邪引いたり病気になったら、満鉄には病院があるわけです。そこへ行って診てもらえるんですよ。しかし、僕だけは診てくれないんだ。普通の町の人と同じような扱いなんですよ。

もう一つ不愉快だったのはね、被服をくれないんですよ。僕は自分の被服を自分で調達して、一張羅にした。皆は満鉄から支給される服を着てるわけですよ。僕は「なぜ俺にだけくれないんだ」と言ったの。そしたら「お前は乙種傭員だ」というわけ。

その後、僕は乙種傭員じゃつまらんと思った。甲種傭員というのになったらパスや被服をくれるというからね。で、甲種傭員になるために、満鉄の見習の試験を受けたわけですよ。そしたら通りました、翌年。それで大連に行ったんです。

竹中：それは満鉄に入って二年目ですか。

安斎：ええ。大正十年ですね。見習夜学校というのがありましてね、昼間働いて夜は夜学校に行くわけです。一年生の時にもらった小遣いが十五銭でした。それから二年生の時には二十銭、三年生は二十五銭、四年生の時は三十銭。日給でしたね。当時は、ロシアパンというパンが、一つ五銭でしたからね、三つしか食えないわけです。

竹中：小遣いというのは、給料なんですか。

安斎：給料というものではないんですな。飯は会社が食わせるんですよ。寄宿舎の中へ入れて。それから被服も会社が支給するわけです。

竹中：その代り働くわけですね。日中は働いて、夜は学校へ行く。

安斎：それを四年間ほど続けると卒業になる。

竹中：何を勉強するんですか。

安斎：まあ、商業学校のようなものですね。

竹中：鉄道経営みたいなことですか。

安斎：ええ。それから実務もやるわけです。最初は経理部で働きました。その次に鉄道部で働いて、その次は用度部で働いて。

竹中：鉄道のことを専門に教える学校のようなものですか。

安斎：それは別にあるんですよ。鉄道教習所というのがね。本社の見習徒弟制度というかね。その徒弟制度の学校というのは撫順にありましたよ。

満鉄の見習い夜学校から東亜同文書院へ

竹中：安斎さんがいた学校の名前は、何ていうんですか。

安斎：満鉄見習夜学校。舎監は加藤新吉という人でした。この先生にも僕かわいがられましたよ。それで、そこを卒業しましたら、加藤新吉先生が「学校へ行け」と言うんですよ。

竹中：四年出てからですね。

安斎：ええ、四年出てから。

竹中：卒業されたのは大正十四年ぐらいですか。

安斎：十五年ぐらいでしょうね。それから実習というものがありますからね。満鉄での実習は経理部ね。経理の中にもいろいろあるんですよ。財産係だとか記帳係だとか支払係だとか収入係だとか。予算・決算をやる主計とか。そういうところで会社の仕事を覚えさせてくれるわけですよ。

それから鉄道部に行きました。鉄道部には旅客だとか貨物だとか、これまたいろいろあるんです。鉄道部から用度部に行って。用度は、満鉄は病院なんかたくさん持ってますから、いろいろなものを買い付けるわけです。そこで働いて。

竹中：同文書院の話の前に、そこに入る前のことを、もう少し詳しくお話しいただけませんか。当時満鉄見習夜学校はどのくらいの規模なんですか。

安斎：百五十人ぐらいじゃないかと思うんですよ。

竹中：日本全国から来るわけですね。

安斎：日本からね、貧乏人の子供が集まってくるんです。鹿児島なんかが非常に多かったですね。大体、貧乏人で頭のいいやつが多かった。ただ見習となると、仕事がどんなにできても、会社には侮蔑されるというのはありましたよ。

竹中：それで昼間そういう仕事をされて、夜は学校に行かれるわけですね。百五十名。この学校は大連にあるわけですね。

安斎：ええ、大連にあったんです。今でも、その人たちが集まりをやってますよ。若葉会っていってね。この間、その人たちと大連に行きました。寄宿舎を覗かせてもらいました。元のとおりロシア街にありました。

竹中：どういう授業を行うんですか。

安斎：荒木さんという人は西洋史なんかやりました。

竹中：じゃあ、日本の中学と同じような、数学もみんなそういう形でやるわけですね。

安斎：ええ。

竹中：そこの中に多少実務というか、それに関連するような授業もやってるわけですね。

安斎：ええ。タイプライターなんかね。これは夜じゃなくて朝早く、会社の現物で習います。

竹中：中国語なんかは習われますか。

安斎：ええ、教えられた。後でね。

竹中：高学年になっていくと中国語を習うわけですか。

安斎：一般的な教養として中国語も教えるわけですよ。私もね、同文書院の学生の時にね、満鉄見習夜学校で中国語をやっていたもんだから、学校から頼まれて中国語の先生をやったことがあります。それから、そろばんと英語ですね。

竹中：各学年百五十人くらいですか。

安斎：いやいや。合わせてそれくらいですね。

竹中：じゃあ、大体四年としたら一学年四十人ぐらいですかね。

安斎：それでね、上に行くにしたがって落ちるんですよ。その上に運動が厳しいんです。柔道なんていうのはね、もうむちゃくちゃにさせるわけですよ。柔剣道。私は柔剣道やらんかったけども、テニスをやってました。みんな運動させてますよ。だから、その時に私は運動のとりこになったんですな。

竹中：各地の満鉄にそういう学校があるわけですね。

安斎：ええ。後では安南にもできたでしょう。それから撫順にもできた。いわゆる下級従業員を養成していくための一つのシステムですね。その中から学校の成績がいいというような者を、毎年一人ないし二人、上の学校へやるんです。そんなことをいろいろして、一九二七年ですよ、満鉄の社員になったのは。学費を出してくれる給費学生制度というのがあったんです。

竹中：奨学金ということですね。

安斎：満鉄の社員の籍を持ちながら学校へやってくれるわけだ。それを加藤新吉先生が「受けろ、受けろ」と言うから受けた。すると、通っちゃったんです。加藤先生が推薦人と保証人になってくれて、そして東亜同文書院に行ったわけです。

竹中：一九二七年にいわゆる給費学生として満鉄派遣で同文書院に行かれるわけですね。同文書院へ行ったり建国大学へ行ったりとかいうことですか。

安斎：そうです。帝国大学に行った者もおります。

竹中：そういう意味では、下級傭員といっても、成績の優秀なものは抜擢していくわけですね。

安斎：結局、まじめにやれば前途があるんだという思想を入れようとしたんでしょう。だけど、一般の学校へ行かない人は、最も下級な従業員ですね。

竹中：やっぱり四年になっても三十銭じゃあ、かなり厳しいですね。

安斎：うん。例えば被服を年に二着くれるわけですよ。冬のものと夏のもの。そうすると前の年の夏のものを着て、新しく夏のものをもらった時には、古着屋に売るわけです。そして、それで食いたいものを食うわけですよ。豚饅頭ぐらいのもんでしたがね。

竹中：やっぱり食べることが何よりの楽しみで。若くてお腹が一番空くころに三十銭もらったんじゃ、やっぱり足りませんね。それでは病気しちゃうんでしょうね。たくさんの人が。

安斎：ええ。肺病が多かったですね。

竹中：ここからは東亜同文書院の話をお伺いしたいのですが。同文書院は、中国の学生も入れるわけですか。

安斎：同文書院は中国の学生も入れる。

竹中：このころの入学は四月なんですね。

安斎：ええ、四月です。東京に集まるんですよ、同文書院は。それで院長が近衛文麿（第五代院長：一九二六〜一九三二年）でしたからね。華族会館で入学式をやったような気がしますよ。

竹中：入学資格には選抜と試験と、二つあるわけですね。

安斎：ええ、県の選抜と、それから大きな会社とか外務省から試験を受けて送るんです。その試験を通ったものには、同文書院としては入学試験というやつはやらないわけです。僕らにはそれが一つの魅力だったんです。

竹中：満鉄の中で試験があるんですね。いわゆる枠があるわけですか。

安斎：そうです。

竹中：何人ぐらい満鉄から行かれましたか。

安斎：私らの時は少なくなって五人でしたよ。各課長などから推薦された者とか、大連中学、旅順中学を卒業した者とかね。そういう者が選抜試験を受けて送られるわけですね。同文書院というのはね、上海にあって。行ってみましたらね、びっくりしましたよ。

竹中：初めて上海へ行かれたんですね。

安斎：はい。とにかく道路という道路は全部鉄条網で囲まれてるんですよ。交差点なんかはね、身体検査をやれるような形に土嚢を積み込んでいるわけです。

私が上海に行った一九二七年というのは、上海の労働者が北伐軍（註2）を迎え入れるために、三回武装蜂起をやった年です。だから、同文書院でも、立雷明がふん捕まってて。今、東大の教授をしている坂本義和のお父さんが義孝という人で、これは同文書院の第一期卒業でアメリカに留学した人。クリスチャンなんですよ。だからね、立雷明がふん捕まって殺される危険があるというので、坂本から助命嘆願署名の回覧が回ってきましたよ。

竹中：入ってすぐですか。

安斎：はい。上海の労働者は三回にわたって武装蜂起をやった。そのころ北伐軍と孫伝芳（註3）の軍隊が戦争をしていたんですけどね、南のほうの革命軍というやつは、おじいさんがおるかと思うと十五、十六歳の子供もおるんですよ。それで鉄砲もいろいろな鉄砲で、錆が付いているような妙な鉄砲でね、靴なんて履いてないんですよ。みんな草鞋履いてるんですよ。それが戦争すると勝つんですね。

もうひとりの張宗昌（註4）って、東北からずっと北伐軍と闘うために南下して来た軍隊です。孫伝芳というのはイギリスをバックにした軍隊でね、いい服装をしてるんですよ。それがどんどん負けるんですよ。一体なぜ負けるんだろうと。あんな武装が立派なのにね。そういうのが疑問でした。上海に行ってから、世の中というものについていろいろと考えさせられるような事件が起きましたね。

満鉄にいた時には、僕はくそまじめでね、どちらかというと反動でしたな。

竹中：いわゆる満鉄のためにという、立社精神を持って。

安斎：ええ、そうだったんです。だからこそ会社も派遣したわけですよ。

竹中：その前、つまり満鉄のころっていうのは、いわゆる共産主義とかそういうものとの出会いというのは。

安斎：あったんです。例えばね、一九二六年だったと思いますよ。

竹中：つまり行かれる前の年ですね。満鉄見習夜学校の四年生ですか。

安斎：ええ。営口の貨物で働いていた人が満鉄の社員に檄を飛ばしたのがあります。それから旅順工大(註5)の進歩的な学生。これはケルンという組織を作って、労働者の闘争を鼓舞激励するというようなものがあってね、これは逮捕されましたね。

竹中：それは日本人。

安斎：日本人です。おそらく中国人の仲間もあったでしょう。わからんかったです。私たちは。

東亜同文書院での仲間と生活

安斎：満鉄におりましてね、労働組合を作ろうとする動きがありました。僕ら、下っ端で働いてるからね、そういう誘いを受けるとか、そういう関係にありましたね。一九三〇年ごろに、私と同級の中島保住というのがおりました。後で左翼運動を満鉄でやったために逮捕されますがね。それから納富というのがおりました。これは僕より一級下かな。彼らが現状に不満で動いたためにね、やっぱりふん捕まりましたよ。

それから、一番典型的なのは一九三一年ですね。私が上海から追っ払われる年に、松崎簡という人がね、これは早稲田を出た人だと思います。お父さんが漢学者でしたよ。松崎鶴雄といってね、非常に漢学に造詣の深い人でした。その人の子供なんですけどね。そして三・一五（註6）（一九二八年）に引っかかりましてね、その後おそらく岩田義道（註7）と連絡して大連に戻ってきて、日本共産党満州地方委員会というものを作られました。

瞬く間に、六十人を組織されました。撫順、奉天、大連。ここらへんでは組織を作った。ところが大連に郵便局があるんですけれど、その郵便局を爆破するとかなんとかかって、これは向こうのデマかもしれませんけれども、そういう問題で一九三一年、一網打尽にされて、みんなやられました。

同時に全協（日本労働者組合全国協議会）（註8）もそのころ組織されましてね。若い女の子やなんかもかなり入ったはずですよ。これが満鉄で一番大きな組織で、革命運動に直接参加するものじゃなかったかと思うんです。

竹中：中国の党との連絡なんていうのは。

安斎：なかったです。そのころは。中央のほうは関係がありました。だけど、地方はなかったようですね。

竹中：じゃ、それはあくまでも日本人労働者の組織として。

安斎：ええ。日本共産党満州地方委員会、それから日本全国労働組合全国協議会の満州の支部というような形で組織されました。

私より一級か二級ほど上の山口慎一（註9）なんてのもそれに参加して。この人はね、学生時代には左翼作家連盟の人たちなんかと大変密接に結び付いた人で、ある意味では同文書院に赤の種をまく上で非常に重要な役割を果たした人です。

竹中：この人も満鉄から同文書院に入ったんですね。

安斎：そうです。この人は長春商業を出てね、満鉄の給費学生試験をパスして。非常にできた人でした。たしか一番じゃなかったかな。

竹中：慎一といえば松本慎一（註10）という人もいますね。同じ慎でしたっけ。それは別として、同じ満鉄ですよね。そのころ、ビラなんかは先生のところに入ってきてたわけですね。

安斎：いや、それは一九三一年で、後になるわけですね。同文書院の後になる。でも、三十一年じゃなくて、その前の第一回目の二十六年ですね。そのころは今言ったように旅順の工科大学ですね、あそこにケルンというのが組織されて。共産党を組織する前の、準備するための組織じゃないんですかね。やっぱり欧州大戦後における不景気な状況があり、そういう中で、学生の中にもそういう思想が生まれたんじゃないかと思うんです。

竹中：そういうのを、見習夜学にいるときに、どういうふうにお感じになりましたか。

安斎：あんまり敏感に反応しなかったね。ただ、そういうものがあるなということだけしか。自分がその中にぐーっと引き付けられるというようなことはありませんでした。

それから、今考えてみますとね、勤務体制なんていうのは二十四時間勤務なんですよ。例えば今日の八時に出勤しますと翌日の八時まで働くわけです。で、その翌日一日休むわけだから。一日十二時間労働ですね、今考えてみると。

竹中：そうなると学校行けなくなっちゃうじゃないですか。

安斎：いや、それは卒業してからね。

竹中：あ、卒業してからですね。実地に回されて。かなり過酷ですね。

安斎：ええ。だから肺病なんかになるのは非常に多かったですよ。

竹中：そして二十七年に同文書院に入られて。

安斎：はい。とにかく、今言ったようなことが目の周りで起きてくるでしょう。同文書院で勉強してる中で、だんだん目を開かれたわけですよ。例えばね、一九二七年、田中義一内閣（註11）が済南に出兵します。その前までわれわれは上海の町を歩いたって、中国人が日本人を敵視しなかったですよ。第一次若槻内閣の幣原外交で対支不干渉宣言というのがあったから。

主として中国人の矛先は、イギリス帝国主義に向いてましたよ。別に日本の帝国主義としては見ているだけ。ところが田中内閣が済南に出兵したら、中国人が、五歳か六歳ぐらいの子供であっても、僕らを見ると「打倒東洋鬼」と言うわけですよ。で、石をぶつけられるわけだ。

竹中：子供の反応というのは早いですからね。親の気持ちがそのまま出てきますから。

安斎：ああ。それから俺たちは考え始めたんですよ、みんなで。なんで俺たちに石をぶつけるんだと。そうすると、田中内閣が済南に出兵して中国の北伐軍を阻止しようとしたからだとわかる。このようにして世の中に対する関心というものが、ひとりでに向いてきたわけです。

上海には当時、非常にいい人がおったんです。それは尾崎秀実（註12）なんです。尾崎秀実が僕らに目を付けたわけですわ。

竹中：目を付けるといっても、何かやっぱりあったわけでしょう。

安斎：それはね、学生新聞を出そうとしたんですよ。

竹中：先生が自治会をやられるのは何年生からですか。

安斎：自治会は一年生のときから。僕は自治委員に選出された。名乗りあげたんじゃないけれどもね、僕は他の学生より年とってたわけです。四年になったら自治委員長にされちゃったわけです。そのうち、学校は中国人の学生の中に共産党員もおると言い出す。それで、その二人の学生を追い出そうとしたわけです。そのとき、中国人の学生が僕たちのところへ相談に来たわけです。「こういうわけで学校は二人の中国人学生を追い出そうとしている。われわれは反対だ。君たちも相談にのってくれ」と。僕たちは「よろしい」と答えました。

坂本義孝が中国人の学生監をやってましたからね。坂本義孝というのは福島県で、僕と同県人なんです。僕は「先生おかしいじゃないか」と彼に言った。そして、こう続けました。「学校はものを教えるところだろう。あれは共産党だ、あれが国民党だって色分けするところじゃないんじゃないか。先生は昔、立雷明がやられそうになったとき、助命の署名運動をしたじゃないか。今は変わったのか。あなたは共産党だ、国民党だなんて選別して共産党を追い出すなんてことはやらなかった。そういうのは日本で言うところの特高がやることで学校の先生がやることじゃないんじゃないか」

これが中国人の学生にわかったんでしょうな。日本人の自治委員会が俺たちのことに関心を持って、学生馘首、すなわち首斬りに対して反対してる。

それから、新聞を出すということで尾崎さんに相談に行ったわけですよ。

竹中：それは一年生の時ですね。

安斎：いや、一年じゃなくて三年のころかな。

一年の時はくそまじめで、僕は成績優良のほうだったんですよ。私費生で中村太郎というのがおりまして、兄貴は同文書院の柔道部の先輩で、反動だった。その兄貴は、太郎が遊ぶ相手が良くないと。だから学校に「いい友達を世話してくれ」と言ったらね、鷲崎という人と同郷に、学校に久保田という先生がおりました。「そんなら安斎と遊ばせたらいい」というふうに言われた。それで中村太郎とはその後ずっと仲良くやりましたがね。

試験の時なんかは、わざと二人で並んでね。彼、できないんですよ。だから僕は早く書いて、答案を見せてあげたりしていた。

鷲崎さんには、始めのうちはご馳走になったり呼ばれたりしましたよ。そのうちにだんだんと日本が済南に出兵して、中国人に石ぶつけられるというようなことが続いて、僕も少しずつ思想が改良される。いずれにしても、尾崎秀実が僕らにいろいろと援助してくれました。

尾崎秀実の学習会

竹中：なぜ尾崎さんのところに行く気になったんですか。どういう動機ですか。

安斎：進歩的だったんですよ、尾崎さんは。満鉄上海事務所に大形孝平というのがいて、京都大学を出た人で、インドのことを研究していました。彼が文献をドイツ語から翻訳するんだけど、その訂正を尾崎さんがやっていた。それから、上海事務所には大塚と言ったかな、僕らの先輩で中国共産党の研究をやってたやつがおりました。上海の町の中には、中国の階級闘争が醸し出す空気に影響された日本人が、けっこういたわけです。

それから、「上海週報」というものが出てましたけど、そこには山口高商（旧制・山口高等商業）を出た田中という人がおりました。彼が非常に中国革命に対して関心を持っていた。そして、彼らが研究会なんかをやると呼んでくれるわけです。だもんだから、一人でそういうところへ出ていくと、尾崎さんらとの関係ができたり、左翼作家連盟の人たちとの付き合いができてきたりするわけですね。

例えば、私の同級の加藤榮太郎（註13）というやつがね、一九三〇年四月二十九日の天長節に左翼作家連盟の会議に行って演説をやったわけだ。それについていったのが、遠藤進といって、後で日銀に入ってのちに関西のほうの銀行協会の理事かなんかやってる人でした。その演説を聞いて、遠藤はびっくりするわけですよ。これが、ばれるんです。すると領事館が加藤に目を付けます。かわいそうに、彼はいじめられるんですよ。

それから一番大きな出来事は、一九三〇年の夏に文部省の督学官が同文書院を視察したときのことです。同文書院が眠ってると評価をした。後で東京高師（東京高等師範学校）の教授になった小竹文夫（十九期）という小壮教授が私の友達で、彼が白井行幸に「督学官が『東亜同文書院は眠っている。学校改革をやれ』とけしかけた」と言うのです。

小竹も不満だったんですよ。僕と一緒に学芸部というのをやってて、学芸部が大体左翼の塊、かつ同文書院の塊なんです。例えばさっき言った山口慎一が学芸部の責任者だった。

彼らの影響でだんだん少しずつ左翼化してたわけです。

竹中：その学芸部が一つの基盤なんですね。

安斎：うん。もちろん共産主義というようなものではなかったけど。例えば、一九二五年九月ごろから「無産者新聞」というのが出版されます。そういうのが同文書院にも送った人がいたわけですよ。だからね、僕らは「無産者新聞」をよく読みました。

そのころでしょう、「マルクス主義」なんていうのが出て、そういうものも上海の内山書店で買って読むというような形でね。それというのも尾崎（秀実）と接近したのが、非常に大きなきっかけです。

竹中：最初に尾崎さんの家を訪ねられた時の印象はどうでしたか。

安斎：紳士でね。すばらしい人だと思いましたよ、僕は。それからね、あの人は若い人たちを非常にかわいがる人であり、人間的に非常に温かな人でしてね。

そのころ、ブハーリンの『史的唯物論』や『共産党宣言』を読み始めるんですけど。伏字が多くて、僕らにはどうにもならなかったんです。そしたら尾崎が「その伏字をうずめてやる」というから、尾崎の家で学習会を持つようになったんです。

ただ、傷つけたらいかんと思って、尾崎さんにはめったな人を紹介できないと思ってました。尾崎はみすず書房の「ゾルゲ事件」(『現代史資料』)によると、僕と水野成、加藤榮太郎なんかを教育したようなことを書いています。

竹中:あと白井さんもいるでしょう。

安斎:いや、白井行幸の事だけ、彼は言ってない。白井を助けたいと思ってたんでしょう。

竹中:それは、尾崎さんが言われたこととして、ですね、白井さんも教育したと。

安斎:ええ。それは四十二年に尾崎がふん捕まった時に言ってますわ。そのときは、僕らも取り調べられました。

竹中:どういうふうな学習会なんですか。というか、まず新聞はどういう新聞だったのですか。

安斎:「江南」という、今まで学芸部で出してた雑誌です。それを新聞形態に変えるということが僕らの時に問題となって。新聞の文章については新聞記者の人の意見を聞いたらいいという話になり。それで、尾崎さんとの付き合いがはじまるわけです。

竹中:自宅まで行かれたわけですね。

安斎：ええ。何回も自宅に行きました。

竹中：尾崎さんの自宅は、上海のどの辺にありましたか。

安斎：北四川路をずっと行きますと、突き当りに内山書店がありましたよ。それを左に行って曲がると陸戦隊。右に曲がっていくと、左のほうに魯迅が昔住んでた場所。その右側のほうでした。

竹中：魯迅の自宅、いわゆる旧界の近くなんですか。

安斎：ええ、そうです。あの付近です。だから尾崎は、魯迅との付き合いがあった。

竹中：そうでしょうね。どんな家ですか。やっぱり胡同（フートン）（北京旧市街に残る路地）みたいな。

安斎：胡同でね、割合にいい家でしたよ。一戸建てでなくて、何軒か家が並んで。あそこに英子（はなこ）さん、それから楊子（ようこ）さんって子供が生まれましてね。彼の家には、よく押しかけました。それで、彼の家で伏せ字の××をうずめてもらったりなんかして、学習会を組織して。

竹中：何人ぐらいの学習会ですか。

安斎：三人しか行かなかった。行ったのは白井と水野（註14）。加藤は、神経が弱くてね。そのうちに王学文（註15）さんが社会科学連盟というような形で、私たちに接近してこられて。だから学芸部の部屋にあの人に来てもらって、当時われわれがわからんことについて、あの人の講義を聞く。かなりの人数をそれに参加させた。そういうふうにして中国の人たちとの接近も始まった。

竹中：ちょっと話は戻りますけど、尾崎さんのところでやられた学習会っていうのは、主にどういうものを読まれましたか。

安斎：一番印象にあるのはね、『共産党宣言』ね、これやりましたよ。伏字があったから、これをうずめて。それからもう一つ、非常に鮮明に残ってるのはブハーリンの『史的唯物論』です。私たちは非常に感動しましたな。

竹中：どういうふうな形態で学習会をやるんですか。

安斎：まず伏字をうずめてもらう。

竹中：尾崎さんは頭に入ってるんですかね。

安斎：いやいや、ドイツ語版を持っててね、伏字をうずめてくれました。

竹中：なるほど。で、学習会の形態というのはどういう形態ですか。

安斎：まあ、うずめてもらって読んでいって、感想を語るというような形ですね。それから、尾崎は大学院時代に大森義太郎から『史的唯物論』を勉強してるんですよ。だから、彼にとってはかつて大学院で勉強したことをおさらいするような気持ちで要約してくれましたよ。

竹中：でも、やっぱりそこに行かれて実際に『共産党宣言』やブハーリンを読まれるというのは、当時としては大変なことです。行くようになった過程を、もうちょっと話してください。それは偶然、「江南」という新聞形態のものを出そうということが、最初のきっかけになったわけですね。それから学習会に発展するまで、どういう流れになっていたのか。

安斎：そのうちにね、さっき言いました上海週報社に、この間死んだ、尾崎の協力者として『ある革命家の回想』なんて書いた、川合貞吉（註16）がいました。

竹中：川合さんとはどこでお会いになったんですか。

安斎：上海です。

竹中：川合さんはその当時、何をやられてたんですか。

安斎：上海週報社にいたんじゃないかな。最初、上海週報社の学習会でね。それは彼からの呼びかけだったと思います。

竹中：どういう内容ですか。

安斎：まあ、中国の事情やなんかが主要なものですよ。それから、それには王学文さんも間接的に研究会には参加されていたんですよ。だから、いわゆる中国の日支闘争同盟と連絡のある研究会なんですね。

いろいろな人がおりましたよ。例えばアナキストもおりましたしね。その人など気持ちのいい人でしたよ。古本屋をやってましてね。そういう者とだんだん仲良くなるうちに、反帝同盟のような、帝国主義に反対するというような組織を作ろうというような話も出てきてたわけです。

その闘争同盟には、同文書院から私と白井と水野がこっそり入った。そうしているうちに、後で問題になるんですけれども、江田島の海軍兵学校の生徒が上海に来るということが議題になって、じゃあひとつ「歓迎」しようと。それで「中国革命に干渉するな」というようなビラですね、それを書いて。

最初はジェスフィールドという公園で撒く予定だったんです。ところが、撒くことに決まってた岩橋竹二(註17)がジェスフィールド公園に行きましたら兵学校の生徒はいなかったんですよ(註18)。

註1　粘結炭：コークスになる粘結性のある石炭の総称。コークスは溶鉱炉に使用されて鉄鉱石の溶解に必要な熱を供給し、鉄鉱石の還元に必要な一酸化炭素を発生させる。

註2　北伐軍：辛亥革命後、北京政府や各地の軍閥と戦った中国国民党の軍隊。

註3　孫伝芳（1885－1935）：国民党政府の北伐軍と戦った北京政府・直隷派の軍人。笑っているような穏やかな顔をしている反面、残虐な性格であったため「笑虎将軍」と恐れられた。

註4　張宗昌（1881－1932）：北京政府、奉天派の有力者で、孫伝芳とともに北伐軍と戦った。その苛酷さや残忍な処刑等で悪名高く、「狗肉将軍」と呼ばれるほど民衆から憎まれていた。

註5　旅順工科大学：1922年に関東州旅順に設立された官立旧制大学。大学令による単科大学としては日本初の官立工科大学。

註6　三・一五（三・一五事件）：1924年加藤高明内閣は、普通選挙、日ソ間の国交を樹する一方、25年「国体ヲ変革シ又ハ私有財産制度ヲ否認スルコトヲ目的」とした結社・運動を禁止する治安維持法を成立させた。三・一五事件は28年3月15日に発生した同法による第一次共産党とそのシンパの一斉検挙事件。共産党の他、労働農民党、日本労働組合評議会、マルクス書房、東京市従業員組合本部、産業労働調査所、無産青年同盟本部、希望閣などの関係者が検索された。

註7　岩田義道（1898―1932）：日本の労働運動家・政治活動家で、戦前期の非合法政党時代の日本共産党幹部。

註8　日本労働者組合全国協議会：戦前の日本の労働組合のナショナルセンター。略称は全協。

註9　山口慎一（1907―1980）：満州国で活動した日本人の翻訳家、文芸評論家。1925年東亜同文書院に入学。東亜同文書院の教育の特徴であった学生による中国調査旅行（いわゆる大旅行）の調査旅行途次、応募した満鉄社歌が正式採用された。1929年、東亜同文書院卒業後に満鉄に入社、情報課、調査課、弘報課、全経済調査会に勤務し『満鉄調査月報』、『満洲評論』編集長に就き、橘樸とともに『改造』誌上に「最新満洲辞典」を編むが年末には左翼として検挙され1933年満鉄を退社し帰国。再び渡満すると、中国人作家の文学作品を翻訳。し紹介した。1945年に満州国が崩壊すると翌46年帰国。延岡市立図書館司書、緑が丘高校（現聖心ウルスラ学園高等学校）、緑ヶ丘学園短大（現聖心ウルスラ学園短期大学）講師などを歴任した。

註10　松本慎一（1901―1947）：愛媛県出身。東京帝国大学卒。1932年、日本共産党に入党し、

1934年に検挙された。のち雑誌『国際評論』や『世界年鑑』の編集、国際政治に関する評論を書く。戦後、全日本印刷出版労働組合書記長。尾崎秀実と親交があった。

註11　田中義一内閣：立憲政友会総裁・貴族院議員の田中義一が第26代内閣総理大臣に任命され、1927年4月20日から1929年7月2日まで続いた。28年5月3日午前9時半頃、第二次山東出兵の日本軍と、北伐中であった蒋介石率いる国民革命軍（南軍）との間に、山東省の済南で武力衝突事件が起きた。

註12　尾崎秀実（1901―1944）：評論家・ジャーナリスト・共産主義者。朝日新聞社記者、内閣嘱託、満鉄調査部嘱託職員を務める。近衛文麿政権のブレーンとして、日中戦争から太平洋戦争開戦直前まで政治の中枢と接触し国政に影響を与えた。また、共産主義の革命家としてリヒャルト・ゾルゲが主導するソビエト連邦のスパイとして活動したが、最終的に41年に発覚し、首謀者の1人として死刑に処された。

註13　加藤榮太郎（?―1931）：東亜同文書院第27期、学芸部員。1930年安斎とともに尾崎秀実を尋ね新聞タイプの『江南学誌』編集の指導を受ける。11月自室で自殺を図り、迎えに来た弟と帰国するが一年後に没。文学青年の加藤は左翼運動や反戦運動には不適で、彼を運動に誘ったことを安斎は後悔していた。

註14　白井と水野：安斎の最も信頼した同窓の同志。ゾルゲ事件で逮捕された、白井行幸（1912―1942）は、中国共産主義青年団。プロ科に参加。42年「満鉄調査部事件」で検挙。終戦の直前、巣鴨刑務所で結核が悪化して獄死。水野成（1910―1945）も中国共産主義青年団。ゾルゲ事件で治安維持法、国防保安法、軍機保護法違反で十三年の刑を受け仙台刑務所に服役中結核が悪化して獄死。

註15　王学文（1895―1985）：1910年日本留学、東京同文書院、四高を経て京都帝大で河上肇に学んだ。1927年クーデター後に上海に戻り、中国共産主義青年団・中国共産党加盟。1930年左翼作家連盟、社会科学者連盟、中国共産党江蘇省委員会で宣伝と情報を担当し上海地区の日本人工作の責任者。33

年夏から日中戦争の勃発する37年7月まで対敵諜報機関・党中央特科の最高責任者。日中戦争開始後は延安のマルクス・レーニン学院の副院長、八路軍総政治部敵軍工作部初代部長として脱走日本兵を教育する延安労農学校講師も務めた。戦後、中国科学院哲学社会科学部学部委員、「資本論」研究会名誉会長など歴任した。

註16 川合貞吉（1901―1981）：1928年中国にわたり、上海で日支闘争同盟を組織した。31年春、同盟の会合に出席した際、満鉄調査部上海満鉄公処の小松重雄の紹介で、尾崎秀実と出会う。リヒャルト・ゾルゲとも知りあい、コミンテルンの情報活動に参加した。41年ゾルゲ事件で検挙され、懲役10年の判決。21世紀になって公開された資料により、第二次世界大戦後は連合国軍最高司令官総司令部（GHQ）参謀第2部（G2）のスパイになっていたことが判明している。

註17 岩橋竹二：東亜同文書院26期。上海毎日新聞記者。1930年、ジェスフィールド公園で反戦ビラをまく予定が兵学校生徒がつかまらず、焦った岩橋が書院構内で撒いたため書院生の関与が明らかになり、上海総領事館警察の安斎、川瀬清（27期）、遠藤進、白井行幸（28期）、水野成、中西功、坂巻隆、新庄憲光（29期）の一斉検挙につながった。

註18 東亜同文書院時代の安斎らの活動については『滬城に時は流れて――東亜同文書院大学創立九十周年誌』（1992年）に詳しい。

竹中：何さんでしたっけ。
安斎：篠原。これはなかなか豪傑でいい人間でしたよ。僕のことを「先生、先生」って言いましたね。何か困るようなことがあると僕のところへやって来てね、相談にのってという。だから僕は彼らと仲良くなりましたよ。軍と、それから彼を通じて、張家口（註1）の調査班というのに矢野という少佐がいましたよ。
竹中：調査されたときは包頭（註2）ですか。
安斎：包頭。矢野を通して軍に接近する試みをやってみたんですよ。
竹中：気をつけろよと言われてる方にしては危険なことですね。
安斎：うん。だけどもあまり成功しませんでしたね。
竹中：遠藤さんという方から気をつけろと注意されて。
安斎：うん。そういう意味ではね、私がくそまじめなのが非常に良かったと思うんですよ。例えば四十二年に張家口で逮捕されたときには、判事が私を逮捕に来たんですよ。

竹中：判事が来るんですか。検事じゃなくて。

安斎：判事が来た。「僕は君みたいなまじめなやつを逮捕するのは嫌なんだけどね」なんて言いましたよ。

竹中：じゃ、そのときはかなり水野さんや尾崎さんとの連絡はとってたわけですね。

安斎：ええ。頻繁ではなかったけれど。

僕が今感謝してるのはね、アメリカにいた野坂（参三）（註3）が日本に対して工作をやってたわけですが、その情報を尾崎が国際通信を経由して送ってくれた。

竹中：パンフレット作ったり。

安斎：ええ。そういうものを、こっそりまとめて送ってくれた。その中には「刑務所にいた人間は合法的な活動をやれ」というようなことも書いてありましたよ。俺はそれを読んで包頭に行ったわけじゃないんですが。

竹中：そうですよね。食うに困って頼んだんですから（笑）

安斎：食うに困ってね、行ったわけです。しかし、こういうのも許されるんだなというふうに思いましたよ。包頭では新庄憲光くんと小川くん（註4）。ことに小川くんを共産主義者にするということに全力を傾けた。彼は解放後、日本共産党に入りました。

竹中：小川久男さんという方。

安斎：ええ。それで静岡で村長候補になんかなったりして。今もまだ日本共産党に入ってるでしょう。僕とは仲がいいけど。

そしてもう一つは、三人組を作ったわけですね、新庄、小川と。小川くんには、四十二年に私が逮捕されたとき、文書を預けました。僕は、尾崎がやられたときに、近いうちに必ず検挙の手が自分にも伸びてくると考えてたんですよ。

竹中：尾崎さんが検挙されたのは。

安斎：四十一年の十月。

竹中：そのときは既に張家口にいられたわけですね。

安斎：いや、まだいない。包頭にいる。包頭にいて、手紙とかは全部焼いちゃったんですよ。それから危険だと思われる本ですね。例えば国際通信。あれ、「誰から送ってきた」なんて聞かれたら困っちゃうからね。だからあれも全部焼いてしまいました。それから、白井からもらったディミトロフの第四回党大会における報告。これは中国語ですけどね、こういうのも危険視されますから、焼いてしまいました。それから、マルクスとか何かの一般的な本は、小川くんに預けたんです。会社の資料として。ところが、四十二年の五月ころですか、逮捕されましたでしょ、小川くんが。彼は、私が預けたものを全部焼いておいてくた。

竹中：まず、包頭から張家口に行くのは何年ですか。

安斎：四十二年です。

竹中：四十一年の十月に尾崎さんが逮捕された後で張家口に行かれたんですね。

安斎：そうです。

竹中：そして何年に逮捕されますか。

安斎：四十二年の五月か六月です。

竹中：そうすると、移ってすぐやられたんですね。

安斎：一ヵ月ぐらいはあったかもしれません。

竹中：それは満鉄の調査部張家口事務所になるわけですね。

安斎：ええ。張家口経済調査所（註5）。で、高橋っていう人が所長でしてね。ここはもう少しメンバーが多かったんですよ。

竹中：あそこは要所ですからね。

安斎：ええ。事実上、私がそこの主任ですよ。給料は低いんだけどね。

竹中：で、そこでもうすぐ捕まっちゃうんですね。

安斎：蒙古政府（蒙古聯合自治政府）（註6）の人たちと往来を強めましたよ。そこでは地政（地政総署）科長の古屋素五郎（註7）、これは山梨県の人ですかね。

それから柿田琢磨（註8）っていう。これは東亜同文書院のときに私と同級生でね。非常に仲が良くて一緒に大旅行（註9）もやった男です。だから非常に気心が知れてるわけです。古屋だとか、久原明（註10）なんていう内政部の総務科長だとか。とにかく蒙古政府の中枢部にいる人たちと仲良くなったわけです。久原という人は柔道五段でね、体質としては右翼なんです。ところが思想的には、妹さんが奈良女高師にいたときに共産主義運動でやられたんですよ。

竹中：長谷川テル（註11）みたいなものですね。彼女も奈良女高師ですよね。

安斎：ああ。それでね、もう一つは久原は京大の経済科で河上肇に習ったという環境でね。赤に対して非常に好意的なんです。その点について、僕は感銘したんです。私になんで近づいてくるか。一つは非常にくそまじめだっていうこともあったでしょう。一生懸命蒙古の古文書なんて誰も取り上げないものを僕は真剣に取り上げて整理をしてるとかね。それから調査をまじめにやってるとか、そういうこともあったでしょうけどね。

もう一つは、彼自身の体質がそういうものなんですよ。そのことは帰国してからの彼の行動で証明されてます。彼も四十五年に警察官の前で「こんな戦争は間違ってる。だから早く負けたがよい」というような話をしたわけですよ。それが蒙古政府に、すなわち日本軍駐蒙軍司令部に知れてね、即日クビ。それで日本に追い返されたんです。

日本に帰って何をしたか。佐賀県の自民党の「総参謀長」ですよ。あそこには、波多然（しかり）（註12）

なんてのがおりました。波多然は戦争前に、袴田時代に（日本共産党の）江東地区委員長をやってててね。袴田たちからスパイの疑いをかけられてリンチを受けた人ですよ。だが、スパイじゃないんですよね。それで、彼なんかにこっそりと援助をやってる。

竹中：その波多然に援助してるわけですか。

安斎：ええ、援助してます。だから、体質は自民党なんだけど、共産主義運動に対してはそこはかとなく好意を持ってるんですよ。私に対しても、そういうところがあった。偽蒙古政府の内政部次長なんていう、現地の日本人としては最高の地位におった。彼の好意を私は忘れませんね。

それから古屋素五郎くんというのはね、昭和五年ころの全共労運動に加入して、東大の経済学部を出たんだけれども運動をやるんですよ。いったん戻って、卒業して、満州国の官僚になって、満州国から蒙古政府に派遣された人です。話してると、私が城南地区で田上（註13）っていう人に世話になったなんていうことを言うと、彼はびっくりするんだよ。「ああ、あれなら俺の友達だ」って言うわけ。

竹中：ずっとつながってくるんですね、どこかで。

安斎：ええ、つながってくるわけですよ。そうしたら戦争やってる中で日本軍のやり方や偽政府の警察隊のやり方がでたらめなんですよね。彼らは不満なんですよ。だから「もう早くこんな戦争負けたがいい」っていう思想があるんですよ。中国共産党に対する親近感のようなものを、久原も持ってるし、古屋も持ってる。若い人たちの中にもそういう考えの人がおりましたよ。

だから、そういう状況の中で彼らと仲良くしてる間に、しっかりした共産主義者を作るという可能性が感じられたんです。包頭で小川くんを作ったように、古屋素五郎を立ち直らせる。それから親密なる戦友として、柿田なんかを味方にする。それから、久原明。こういう人たちを自分たちの周囲に擁護者として組織する。

このような可能性が張家口に行ったときには既にあったわけ。だから、その工作を進めましたよ。資料を整理しながら、まじめに調査をやりながら、余った時間はそういうことをやってました。それで、四十二年にふんづかまったでしょ。

竹中：そのときは奥様がいらっしゃいますよね。張家口まで。

安斎：いえ、私一人。

竹中：でも、ご結婚なさってるでしょ。何年にご結婚ですか。

安斎：包頭に行く前でしょう。

竹中：じゃ、そのときは奥様が包頭にいらっしゃらなかった。

安斎：その人とは別れたんです。

竹中：で、四十二年の何月ですか、捕まったの。

安斎：五月か六月。

竹中：五月か六月に捕まっちゃって、どこに。

安斎：張家口で、まず調べを受けたわけですよ。

竹中：判事が来て。

安斎：いや、判事じゃないですね。取り調べは東京から来た警視庁の特高です。

竹中：それは、いわゆる四十一年に捕まった尾崎さんの問題で引っ張られたわけですか。

安斎：それもあったけれど。取り調べの様子から見て、中西功（註14）や西里などとの関係の線からばれたのでしょう。向こうの問い方が、「お前は中国共産党のスパイをやってるだろう」と。私はやってない。というのも、中西たちとは、私は結ぶことを拒否したわけです。それから、白井や新庄も、できるだけ彼らと手を切るようにしたわけです。中西たちのやっていることは、諜報活動ですわ。

竹中：これは、三つの系統を出してますね。

安斎：だから、そういうことで白井も新庄憲光も、中西と手を切ったわけですよ。で、一つにする。それは尾崎の友達の秘書的な役割をした水野成というのがおります。これとノリ（新庄）ちゃんとは非常に仲が良かったんですよ。だからこっちともつながり、あっちともつながるというのはやめたほうがいいと。こっちへ来なさいという方針だったんです。

竹中：同文書院何とか何とか組織図。

安斎：それはもう書かれてたんです。それに基づいて、私と中西がいつ会ったというようなことを向こうがちゃんと知ってましたよ。だから、誰からこの問題がばれたかっていうことはほぼ推察されちゃうし。記憶力が良好。僕なんか、いつ会ったなんてあんまり覚えてない。

竹中：じゃ、逮捕の四十二年に張家口で捕まえられたときは、以前の問題で捕まえられたんですか。

安斎：そうじゃない。中西や西里龍夫（註15）、王学文さんなんかと連絡して、抗戦力調査という形で満鉄は中国共産党と連絡して、これがばれたんです。だから同文書院関係は、みんなそうしたつながりがあると思われたんです。同文書院の系統図なんてものをしゃべってるからね。

竹中：なるほど。

安斎：調べに来たけれど、僕は幸いに、今言ったように中西とは連絡とらなかったんです。これは言いたくないけれどもね、一つは中西がべらべらしゃべるという不安があったんです。たとえば上海で一九三〇年に捕まった時に、中国の共産党の通河通告が中西の部屋から出たわけだ。そしたら中西は、「これは安斎さんから借りました」なんて言ってるからね。

そういうことをべらべらしゃべる人は、もう二度と僕は付き合わんと。そういう人がおっても不思議じゃないけどね、中西とは会っても本当のことを言わなかったんですよ。

もう一つは、四十一年の一月に尾崎がどうしても会いたいといって来たんですよ。で、僕は大連に行きました。そのとき新庄夫妻は東京に行きました。大連で待ってても尾崎さん来ないんですよ。そしたら突然北京に来たんです。それから僕は初めて満鉄の飛行機に、それも席をチャーターした飛行機に乗って大連から白井に送られて、尾崎さんに北京で会いました。

そのときに尾崎さんは何て言ったかというと、「逮捕されることを予測していた」と言ったんです。だから僕はちょっと伊藤律（註16）の証言なんかをそう簡単に信頼できないんですよ。その話の中で、伊藤律の話も出ました。律という名前は挙がらなかったですね。ただ、「同郷で、一高を出た男で日本の農業問題について非常に詳しい人間」と。それは後で伊藤律だということが僕はわかりました。そのときは伊藤律なんていう名前は全然知らなかった。ただ、伊藤律が尾崎さんのそばにいたと。日本の農業問題に明るいやつが尾崎さんのそばにいたということだけは、僕はそのとき感じました。この間も言ったように、尾崎さんという人は、遠くから見ると紳士なんですよ。ところが左翼運動を一度やった者がそばで話し、匂いをかぐと、何かやってます。

竹中：匂いでわかるわけですか。

安斎：わかるんですよ。僕のような鈍感が感得するんだから、律だって感得したはずですよ。それはね、ゾルゲに関係していることは出てこなかった。一度も。だから僕はゾルゲ事件が発表されたときはびっくりしたんです。

僕はむしろ王学文さんなんかと連絡とってるのかと思ったんです。それはね、上海時代に王学文と仲良かったんだ。彼は、僕が上海を出るときに、「後に残った日本人で一番信頼できるのは誰か」って彼が聞くから、「ああ、それは尾崎さんだ」という話をしました。そんなことがあるから、ひょっとしたら中国のほうと関連があるんじゃないかとは思ってたけどね。

しかしゾルゲと関係があるなんて、私は夢にも思ってなかったです。だけど、逮捕の危険が迫ってきてると。逮捕の危険が迫ってくるというのに僕に東京へ出てくれというんですよ。だから僕は拒否したんです。僕が東京に行ったら、向こうはつかまえるといってるんだと。上海と東京は、僕には鬼門のところだと。

竹中：そうでしょうね。それは当たり前のこと。

安斎：向こうがそう言ってるんです。

竹中：だから包頭行ってる、それこそ。なぜ出てこいって言ったんですか。

安斎：やられることをやっぱり考え抜いたんじゃないかな。

竹中：尾崎さんがやられた後に引き継いでほしいってことですか。

安斎：いやいや、そいつは聞かなかった。だけど、そいつは拒否したんです、僕は。それから、今後の連絡の問題についても、「あなたが危ないなら、私の送った調査や何かは全部焼いてくれ。私はそうしないとどんな言いがかりになるかわからないから」。そういうような話をして、連絡を絶つということを約束して別れました。

竹中：尾崎さんは安斎先生に会われる目的は、東京に引っ張りたかったんですかね。

安斎：いやあ、やられるということ。そうかもしれないが、やられた後のことについてね、何か相談したかったんじゃないですか。

竹中：つまり東京に来てもらって、その後のことでしょうね。

安斎：だけど僕は不適任なんですよ。

竹中：もう折り紙つきですからね。

安斎：ええ。二回もそのとき既にやられてますからね。

竹中：ましてや東京なんて、一番危ないところですからね。

安斎：そうしたらその十月に尾崎さんがやられますよ。それから、その当時尾崎さんが満鉄に入れたのが調査部の先輩で佐藤晴生（註17）。彼が僕のところへ、やられたから飛んできましたよ。「逃げよう」と言ったんですよ。

竹中：四十一年の捕まったときですね。

安斎：ええ。十月に。それで僕は「尾崎さんが言うはずない」と。「逃げるたって、どこへ逃げるんだ」というような話をして彼の提案を拒否したんですよ。

これは失敗でしたよ。彼はすぐその後、満州国から召喚が来たんです。当時、満州国で、満州国共産党の相当の人間がやられてたんですよ。それに側杖を食って、満州国に持って行かれてね、とうとう刑務所の中で、シラミから来るジフテリアかな、何かで死んでしまいました。尾崎もこのことについては非常に心配してね。彼が捕まったということを聞いて、獄中から彼のやられたことを悲しむような手紙が出てますよ

竹中：だけど、尾崎さんと安斎先生は、ほとんど関係は周知の、周りの知るところでしょう。日本の関係は当然。だって綿入れを送ったりラシャのあれを送ったりしてるわけですからね。

安斎：いや、それがわかってないの。

竹中：じゃ、尾崎さんは完全にそこを黙ったんですね。

安斎：あのね、最後にはしゃべってますよ。僕を教育したっていうことは。ところが、その言ったのを忘れるはずがないんだけども、白井が抜けてるんですよ。それで加藤榮太郎は認めた。だから、あそこら辺に尾崎の謝絶があると思ったんです。

尾崎との関係についてはは、僕は言わなかったんですよ、上海でも。それから第二回のときも言ってないわけです。だから敵の調書の中には私と尾崎との関係というやつはそう鋭く浮かび上がらない。

それがどうやら浮かび上がったのは、尾崎の陳述。「上海時代に俺が教育した」ということを彼が調べの中で言ってますよ。それからもう一つは、尾崎の非常に政治秘書的な親密な役割があった水野がね。この間あんたに見せたように、全部同文書院のときに。

竹中：そうですね。「オルグられた人、安斎庫治」ってちゃんと書いてある（笑）。筆頭に出てくるんですよ。

安斎：あのときに僕は、あのことを認めたんですよ。四十二年に。その前までは、上海のときもその次のときもしゃべってないわけです。だから捕まえたときには僕と尾崎の関係というやつは、向こうはそう知ってない。

竹中：最後に尾崎さんが教育したということと水野さんがオルグられたということとの、いわゆるゾルゲ事件の調書の中に出てくるわけ。

安斎：出てくるわけだ。僕は水野の調書を見て、僕も認めた。それは僕失敗だったと思うんですよ。それは、白井がどう言ってるかということを確かめるべきでした。そういう意味では僕は白井に対して申し訳ないことをした。

竹中：そのときは白井さん捕まってるんでしょ、当然。

安斎：一緒に捕まったの。

竹中：いわゆるゾルゲ事件という形で。

安斎：いや、ゾルゲ事件じゃなしに、西里龍夫と中西功と。

竹中：ああ、同じ時期の中西のあの辺から。

安斎：ええ。四十二年の六月。それで僕らは張家口から北京の刑務所に持って行かれて、その北京の刑務所で白井と尾崎庄太郎(註18)が入ってくるわけ。それで護送されて下関に持ってこられた。下関の警察に一晩泊められて、下関から東京へ持ってこられた。

竹中：そのときは白井さんと安斎先生と尾崎庄太郎と、それから、新庄の四人が北京に集められて行くわけですね。

安斎：ええ、行くわけ。そうしたら検事の調べがありましたよ。

竹中：東京でですね。

安斎：ええ。そのとき新庄が脳貧血か何か起こして、取り調べの途中にやめるんです。その後に僕を引っ張り出したの。こうやって見たらね、新庄の調書の中で「お前は満鉄内のいかなるグループに属するか」という問いに対して「私は満鉄内の中西功グループに属します」と、こうしゃべってるの。俺、びっくりしたんだよね。それ以上のことは僕あそこで読み解くことはできなかったけれどね、これはまずいなと思いましたよ。大体、その中西のしゃべったことで逮捕されて。

最初行かされたのは小松川っていったかな。その次が六本木。

竹中：要するにたらいまわしされるわけですね、ぐるぐる。

安斎：ええ。僕にも「中国共産党のスパイをやってるだろう」ということを盛んに聞くからね、「やってない」と。「俺が蒙古でやってるのは古文書の整理だ」と。それは私のところから逮捕したときにだいぶ文書を持ってきたの、みんなそうですから。もう一つは私の留守宅の資料や何か、手紙や名刺を全部偽装、私はたくさんノートを作る男なんですよ。そのときに自分の周囲には反動的な本をずっと並べておいたんです。それから、そこの反動的な本の中から若干の反動的な言葉をノートに書いておいたんです。どうせ来ると思ってましたから。そういうものをみんな持ってきたんですよ。これはノートに一枚一枚張り札をしてありましたよ。そういうことも非常に良かったんじゃないかな。

竹中：準備万端にしてるところに。

安斎：いえいえ、それはね、四十一年の十月に、その前に加藤先生（加藤新吉）（註19）が僕の内部回覧を読んで、やられるぞと。準備しておけよと教えてくれたんです。加藤先生は情報関係を担当してましたからね。非常に情報に明るかったです。

それともう一つは、私がそれに基づいて準備を整えていたということですね。名刺を焼却した。だから私は一人一人も人の名前を挙げないで済むんですよ。例えば久原明だとか古屋素五郎とは大変仲良くしましたよ。だけども向こうが「お前仲良くしてるやつがおるだろう」なんて言ったら、「いや、私はそんなものいない。もっぱら古文書の整理に没頭してる」と。だから、僕が捕まったことで犠牲者を出してないです。

竹中：だけど本当に条件が良かったですね。古文書もあり、ノートもちゃんと準備して。名刺一枚出てきたって、やっぱりそれで突かれりゃどうしようもないですもんね。名刺が一枚残っててもそこからずっと芋づる式に行くわけですからね。

安斎：ええ、そうそう。だからね、久原明は後で言いましたよ。「俺たちが君をこんなに一生懸命かばうのはなんだかわかってるか。お前をかばったって、かばったということが敵にばれない」と。

竹中：だから、秘密を守るということは、単に自分を守るだけじゃなしに人をも守ることなんですね。

安斎：そうですね。だから久原明は何回も東京の警視庁と交渉してるんですよ。あれは京都帝大を出ているから、そんな関係で検事やなんかを知ってるわけです。

竹中：なるほど。

安斎：あれ出せと。だから僕は久原さんには大変お世話になりましたね。それから、出たら久原さんと古屋くんが、「日本にいたら危ない。こっちへ来なさい」と。「蒙古の古い資料の整理をやったらどうか」と。それから私は翌年。

竹中：何年までその調べは続きました？　四十二年の五月に捕まって。

安斎：四十三年でしょう。

竹中：四十三年。長い調べですね。

安斎：それは、だけど未決という形でずっと入ってるのですか。

安斎：未決じゃないです。勾留です。

竹中：勾留されて。長いですね。四十三年の……。

安斎：五月ころだったかな。

竹中：そうすると一年間勾留されたわけですね、ぐるぐる回りながら。

安斎：まあそうですね。結局、微罪不起訴ということで、出されてから再び蒙古に行ってました。そして古文資料の整理。

竹中：続けたわけですね。それで今までの仕事を継続してるわけですね。

安斎：ええ。ヤギチョウホウ（不明）、ヤギトミヤ（不明）なんかと一緒に。

竹中：蒙古のどこですか。

安斎：コウホクトウ(註20)。コウホクトウにおるときに結婚して。

竹中：それで満鉄に入るわけですか。

安斎：いや、満鉄じゃなくて蒙古偽政府(蒙古聯合自治政府)の地政科興亜分室の資料整備室。その後、彼また来ましたからね。まあ、それをずーっと継続して。

ただね、私は調査を清末までに限定したんです。というのは、これは清末だと歴史的にもちょっと古くなりますからね、今の紛争とちょっと歴史的に見ると関係もあるけれども、あまり直接的な関係がないから。だから資料の整理は清末までに限った。それから同時に今、蒙古政府が実際上支配していない地域の資料。ハンギン旗だとかダラト旗(註21)だとか、そういうものの資料を整理しました。今度はそれに専念したわけですね。

竹中：何年まで続けられました。

安斎：それは戦争が終わるまで。

竹中：じゃあ八月十五日まで。

安斎：いや、その前にね、私は兵役に、治安維持法違反なもんだから、とられなかったんですよ。ところが八月の前になって、何月頃だったかな、召集が来たんです。

竹中：現地召集ってことですか。

安斎：八月になるちょっと前かな。なったら、やっぱり経歴が経歴なものだから、たいそう注意されましてね、いじめられましたな。それから満鉄におったということから、列車に乗り込んで、鉄砲を担いで、真ん中に機関銃を置いて両方に土嚢を置いて、そして線路が壊されたら補修をやる、その部隊に編入されて。

竹中：一ヵ月ぐらいですね。

安斎：一ヵ月ぐらいです。ところが鉄砲を落としたりなんかしてね。どこへ行ったのかね。

竹中：鉄砲を汽車の中で落としちゃったんですか。

安斎：いや、どこへ落としたのかわからない。

竹中：大変なことじゃないですか、それは。

安斎：ところがね、曲がった鉄砲を曹長が都合してくれました。

竹中：ほう。

安斎：あれはね、ああいう不始末を起こすとやっぱり曹長にも関係するんですね。

竹中：なるほど。連座されるわけですね。

安斎：ええ。なもんだから、くれた。そして八月十五日に負けた。

竹中：敗戦はどこで迎えられましたか。

安斎：敗戦はおそらく包頭。

竹中：どういう感じを受けられましたか。

安斎：わからんかったですよ、負けたのは。

竹中：ラジオ放送は聞かなかったですか、玉音。

安斎：聞けないですよ。

竹中：で、集められて敗戦が伝えられたんですか。

安斎：敗戦というのは、大同に行ったときだったと思うな。負けたということを教えられたのは。包頭から張家口を通って大同へ行った。そこで兵役免除になったんです。解除。

竹中：大同で除隊になってどうなったんですか。ばらばらになるんですか。

安斎：いやいや。どっちを通って行くかということが議論になったんですよ。結局、ロシア軍が張家口に入ったということがわかって、張家口は通れないということで、太原を回ってね。石家荘を回って、それから北京に出て、それから天津に集結させられて、あそこで引揚者なんかと一緒に長いこと船を待って。

竹中：そのとき奥様はどうしてたんですか。

安斎：女房は国にいました。僕は負けるということを大体予測してましたから、国に帰しておきました。蒙古研究所・東亜研究所の研究員で、後に高知大学の教授になる青木富太郎なんていう人たちが蒙古に調査に来たわけ。私の興安の事務所に長いことおりましたから、彼らに頼んでずっと前に帰らしてたわけ。帰国は十二月ころですわ。天津から船で。

註1　張家口（ちょうかこう）：張家口は、現在の中華人民共和国河北省北西部に位置する都市。モンゴル語で万里の長城の「門」をあらわすハルガ hālga またはカルガ kālga から、カルガン（Kalgan）の名でも知られていた。「北京の北門」とも呼ばれ、北京の北を取り巻く万里の長城の「大境門」のすぐ外側に位置する。1939年に内蒙古（南モンゴル）に樹立された蒙古聯合自治政府の首府だった。

註2　包頭（パオトウ）：現在の中国、内モンゴル自治区西部にある都市。黄河中流の北岸に位置し、水陸交通の要衝。古くから皮革・羊毛の交易が盛ん。付近で鉄を産し、鉄鋼業が発達。

註3　野坂参三（1892年―1993年）：戦前戦後の共産党指導者。第一次共産党検挙事件でソ連に密航。1931年ソ連に再渡航。40年延安で中国共産党に合流。戦後は徳田球一らと共産党再建。徳田らとともに所感派のリーダーとして宮本顕治の国際派と対立。レッドパージを受け中国に亡命。55年帰国後、国際派と和解。六全協で武装闘争路線を否定。日本共産党の第一書記、議長、名誉議長となる。衆議院議員（3期）・参議院議員（4期）。かつてソ連のスパイであったことが最晩年に発覚し名誉議長を解任・除名された。

註4　新庄憲光（1912―1945）と小川久男：新庄は東亜同文書院29期、1930年兵学校生徒に反戦ビラを撒いた、いわゆる「上海日本人共産党事件」で上海総領事館警察に検挙。同文書院中退。中国共産主義青年団加入。32年全協交運加盟、全協京王電気会社分会を組織しキャップとなる。34年共産党入党し、市電オルグとして活動したが同年検挙起訴された。37年満鉄入社。満鉄調査部在職中ゾルゲ事件に関連し41年安斎とともに張家口で逮捕。拷問の傷が原因で、45年豊多摩刑務所で獄死。小川久男については詳細不明。

註5　張家口経済調査所：1939年4月1日に発足した満鉄調査部を構成する一機関。ほかに、第一から第四までの調査室、中央試験所、北支経済研究所、北満経済調査所、大連図書館、満州資料館などが所属した。調査部は、経済・法制・ソ連事情・鉱床などを調査対象とし、調査部全体で1732名を擁する巨大組織だった。

註6　蒙古聯合自治政府：1939年に駐蒙軍の主導のもとで内蒙古（南モンゴル）に樹立された傀儡政府。首府は張家口。

註7　古屋素五郎（1908—?）：安斎は「山梨県の人」としているが横浜生。東京帝大経済学部卒。1930年ころ全共労運動に加入。中村義徳とともに再建神奈川県委員会の調査部。のち満州国官吏となり蒙古政府に派遣、地政科長。戦後は労農通信社に参加。

註8　柿田琢磨（1908—）：長崎県出身。東亜同文書院第27期。蒙古政府地政治科長。

註9　大旅行：1902年外務省から要請された調査の謝礼金を基金として、5期生以後は卒業論文のための「支那調査旅行」いわゆる「大旅行」が制度化された。数名から5・6名のチームを組んで各地へ3ヶ月から半年程度の調査旅行をし、収集した情報をもとに1915年から21年にかけて『支那省別全誌』全18巻が刊行された。

註10　久原明（1903—1976）：佐賀県出身。1929年京都帝大経済学部卒。満州国官僚から蒙古聯合自治政府に派遣、内政部総務科長。戦後は佐賀県建設業協会相談役、柔道協会会長などを歴任。

註11　長谷川テル（1912—1947）：反戦活動家、エスペランティスト、抗日運動家。

註12　波多然（1905—1998）：京都帝大経済学部卒。1932年共産党入党。34年スパイの疑いで査問を受けるが断固否定。戦後、共産党の再建に参加、60年の三井三池争議の指導に当たったが、63年党を批判して離党、郷里唐津で帰農した。

註13　田上：本書収録の座談会「戦前・戦後における労働運動の特徴と教訓」の中で安斎が要旨「1931年当時、城南地区の支部長は東大経済学部出身の田之上という立派な人」と言っている田之上と同一人物とみられるが詳細は不明。東大経済学部の卒業生名簿には、古屋素五郎（32年卒）、田上甲（33年卒）の記録があるが、

同一人物かの確証はない。

註14 中西功（1910－1973）：1934年に満鉄調査部に入り大連に赴き、調査執筆活動を行う。満鉄の調査業務として「支那抗戦力調査委員会」の主要メンバーとなり、中国の抗戦力を高く評価し日本の軍事活動を牽制する報告をまとめた。非公然活動では西里龍夫らと共に、毛沢東ら中共指導部へ情報を提供し、反戦活動、抗日活動などを援助した。元日本共産党参議院議員。環境学・リスク論の研究者、中西準子は長女。

註15 西里龍夫（1907－?）：1930年東亜同文書院卒。同年9月王学文指導のもとに、日支闘争同盟を結成。34年中国共産党入党。在満日本人と中国共産党の連絡役として反戦活動に従事。42年警視庁特高に逮捕、凄惨な拷問に耐え、45年外患並に治安維持法違反で死刑を求刑され、敗戦後の8月23日無期懲役の判決を受ける。10月GHQの命令で釈放。浅川謙次らとともに労農通信社を設立、再建日本共産党に入党。レッドパージで非合法活動に従事。

註16 伊藤律（1913－1989）：元日本共産党指導者。1930年第一高等学校に入学するが、32年日本共産青年同盟に加入して放校。翌年日本共産党に入党。39年満鉄調査部嘱託となり、尾崎秀実と交遊。警察の弾圧や内部分裂などで壊滅状態にあった党の再建に参加。1939年党再建活動で検挙され、この時の取調べ供述が後のゾルゲ事件検挙の端緒となったといわれる（否定する説もある）。戦後、徳田球一のもとで日本共産党、中央委員・政治局員となる。50年レッドパージで地下に潜伏、中国に亡命した。53年スパイ容疑で党から除名、80年中国での生存が確認され同年帰国。

註17 佐藤晴生：1941年11月の合作社事件で検挙され、獄死。合作社事件は、関東軍憲兵隊のでっち上げだったとされる事件。のちの二次にわたる満鉄調査部事件（42年、43年）の引きがねになった。

註18 尾崎庄太郎（1906－1991）：東亜同文書院卒業。満鉄調査部勤務ののち、中国国内で反戦運動を行

うが、敗戦後にもかかわらず、旧法上の思想犯として懲役10年の判決を受け下獄、1945年10月釈放。46年中国研究所の創立メンバーとなり、論文・翻訳を発表。『毛沢東選集』の翻訳を行う。文化大革命以後は、中共礼讃から離れてほぼ沈黙、80年代に入り、民主化運動を支持。

註19　加藤新吉（1896―1954）：明治大学法科卒で満鉄入社。1939年、満鉄から華北交通に出向、『北支』編集長としてその創刊から休刊までを見届けた。

註20　コウホクトウ：口北（コウホク）は万里の長城以北をさす。長城の関門は名称に口がつくことが多いのでこの名がある。清は1664年口北道を置いたが、1928年道を廃した。ここでは、旧称に従って口北道といったのか、古北口などほかの地名なのかは不明。

註21　ハンギン旗・ダラト旗：現在の中華人民共和国内モンゴル自治区オルドス市に位置する旗。旗とは、モンゴル民族を組織する行政単位。

第三章　帰国して

竹中：敗戦ということでどういうことを感じられましたか。いろいろやっぱり考えられたでしょう。
安斎：いや、これは負けるというのは当然というような気だな。
竹中：別に何かいろいろ考えるということではないですね。
安斎：わりあい私はそういう点じゃ、あまり考えるというほうじゃないですな。負けたのは当たり前だという考えですね。
竹中：でも今まで一貫して反戦ということでレッテル貼られてこられたわけですからね。
安斎：だからそんなショックなんてなかったです。負けて当然だと。負けて良かったという気持ちですね。

それから東京に戻ってきて、昔のプロレタリア科学研究所（略称「プロ科」）（註1）の一部の人たちが中国研究所（一九四六年）というものを新しく作るということになりましたので、私もその中に入りました。そしたら私がたった一人、そのとき専任の研究員にされていたんだけど、給料が出ないんですよ。あの研究所は。だから、飯食わなきゃいかんでしょ。当時浅川謙次(註2)くんが労農通信(註3)というのを出しましたから。

竹中：神田かどこかにあった。

安斎：いや、銀座二丁目の三木ビル。後にこのビルの地下に「銀座並木座」という名画館ができた。

竹中：なるほど最初は銀座ですね。それから移ってどこか明治大学のあたりに行きませんか。駿河台のほうに。

安斎：あの辺のときは僕いなかったんです。

竹中：人民社と労農通信と一緒になったわけですね。

安斎：なったんです。それで彼らと一緒に労農通信を出すというので、当時日本の新聞記者の中には、新しく労働運動が非常に高まり、農民運動も盛んになりましたからね、新聞記者も進歩的な人たちが多かったですよ。

今でも覚えてるのは、朝日からは村上寛治、毎日からは矢加部勝美とかね。そういう者と一緒になって、労農記者クラブ(註4)というのを作る努力をケンジ(浅川謙次)さんがしましたからね、彼に協力しました。そしたら党の調査部から、僕に党の調査部で働かんかというような話が、昔プロ科で一緒にやった男ですが、商大を出た男で、なんていったかな。

竹中：商大というのは東京商大、一橋ですか。

安斎：ええ。一橋。言ってきましたから、だから労農通信にも籍を置きつつ調査部の労働部会を担当することになって。

竹中：ということは、そのときは、もちろん党員にならなければそれはだめと。

安斎：ええ、党員になったんです。戦後ね。だから四十六年ごろでしょう、私が党員になったのは。そして風早八十二（註5）の指導のもとに野坂が作った産労というのがありましたよ。産業労働調査所（註6）。野呂栄太郎（註7）とか風早とか、たくさんおりました。その風早が調査部長でした。私はそこで労働部会の新聞を受け持つことになりました。これは表面はあくまでも労農通信でね。ケンちゃんのところで働く形をとりながら。

そのうち西里とか今の板井庄作（註8）くんね、ああいうのも労通に一緒にやりました。それから私が仙台で一緒に働いたのとか、蒙古で友達になった古屋素五郎、こういう人たちがケンちゃん（浅川謙次）の労農通信を助けてた。その中のいい人たちを同時に党の調査部に入ってもらってるうちに、僕は副部長にされちゃったわけですよ。

竹中：労働部会のですか。

安斎：労働部会の責任者で調査部の副部長にされちゃった。だから常勤みたいにだんだんなっちゃったわけです。それは、副部長で何もしないわけにいかんでしょう。そして四十九年になったら風早さんが選挙で第四区から当選しちゃったわけですからね、あと誰が責任者になるかっていうと、僕ともう一人、千葉から来た、さっき言った一橋出たあれね。僕は彼になってもらおうと思ったんですよ。彼は基本的な勉強を非常によくやってるから。

ところが徳田（球一）（註9）さんがね、いや、志賀（義雄）（註10）が、彼を調査部の責任者にするのに賛成しないんです。で、僕がなっちゃったんだ。四十九年から五十年の初めごろまで、調査部の責任者をやっていましたところが、四十九年に中国革命が成功するでしょ。

竹中：四十六年から四十九年までは労通にいて、それから調査部をやられたわけでしょ。その話を少ししてください。

安斎：ああ、それはね、まあとにかくあのころはね。

竹中：どういうお仕事をされたか。

安斎：ストライキがあれば必ずそこへ行くっていうことです。だからストライキの闘争の経験を書き上げて、そいつを労通に発表する。そういう仕事です。

竹中：それと調査部のほうのお仕事は。

安斎：調査部のほうは、当時調査部も機関誌を出してましたからね。

竹中：調査部の中の機関誌がまた別にあるんですか。

安斎：調査部の機関誌。だから例えば十月闘争やなんかについてまとめた、そういうものを調査部の機関誌で出す。

竹中：それは日刊ですか。

安斎：いや、日刊じゃなくて月刊ですね。

竹中：結局、いわゆる調査月報みたいなことだ。

安斎：そうそう。『調査月報』って言ってたんですよ。

竹中：そうするといわゆる理論誌みたいになるわけですか。

安斎：実際を分析する中で、純然たる理論誌というようなものよりも、日本の現状を分析する中で理論をだんだん追求するっていうものだったでしょう。ただね、あの当時はやっぱり徳田さんのやり方に対しておべんちゃらを言わないと機関誌なんて出せなかったんですよ。だから非常に恥ずかしいことも僕はあったと思います。

例えば基本的にみるとアメリカ帝国主義を解放軍だなんていう考え方は、私は賛成できなかったですよ。だけれども、あの時期にそいつに反対できないんですよ。ちょうど毛沢東の権威のもとに文化大革命について中国の人たちが意見を言えなかったんです。例えば中国のときの大躍進に対して彭徳懐（註11）が廬山会議（註12）で意見を言ってるでしょう。あれは廬山会議で言ってる彭徳懐の意見は正しいんですよ。だけど彭徳懐の意見は批判されちゃうでしょう。彭徳懐だけが批判されるんじゃなくて、彭徳懐と仲の良かった黄克誠、張聞天。

竹中：そうですね。黄克誠、張聞天。あれは書記局ですね。

安斎：それにシュウショウシュウ（不明）だったかな。ああいう者がやられるでしょう。あれがプロレタリア文化大革命の幹部打撃の突破口ですよ。僕はプロ文革になって誤りを犯したんじゃなしに、あのときから中国共産党としては警戒すべき問題だったと思っています。

竹中：体質的には、党の体質がやはり日本共産党の中にも同じようにあるわけですね。

安斎：非常にある。だから、徳田さんは非常に優れた革命家です。あの人は修正主義者じゃないですよ。だけど理論がないんです。例えば四十九年の一月だったかな。三十五人当選するでしょ。そうすると九月革命（註13）ですよ。馬鹿なこと言いなさいよ、あんた。そんなことはみんなが知ってましたよ。

それから四十一年に団体等規制令が出たとき、党員の名簿を公安調査庁に出したんです。こんなことも、当時闘った者はまずいということをみんな知ってますよ。だけど政治局でも問題にならないしね。「それは間違ってる、出すべきじゃない」と。もちろん徳田さんは出したらいい、志賀さんも出したらいい、僕らのところまで出していい。だけれども、新しく入党した経営細胞や新聞記者なんかのは出すべきじゃないですよ。

竹中：あとでレッドパージになっちゃいますからね。

安斎：うん。それはレッドパージ、百発百中。それから公開細胞会なんていうのもやるべきじゃない。スパイがいないという保証はない。そういう中で公開細胞会をやったら誰と誰が党員かみんなわかっちゃう。

それから党員を採用するのだって、集団入党ですよ。レーニンの党に集団入党なんてないんですよ、どこにも。ところが徳田さんはもう党勢を拡大したいもんだからね、あの人が仙台に行って演説すると、その演説の反響を聞くと同時に入党申請書をばらまく。そこでどんどんどん。だからスパイでもなんでも入ってくるんですよ。

だから、そういうようなやり方がでたらめだということは、みんな知っていながら、徳田さんのそういうやり方に対して反対しないんですね。伊藤律なんかもそうですよ。

竹中：かなりおべんちゃら言ってね。

安斎：だからおべんちゃら言うやつがかわいいんですわな。

この調査部にはね、あのころ、優れた学者、研究者が非常に多く結集してくれましたよ。今名前で思い出すのは守屋典郎(註14)、あれは繊維のほうでは非常に深い研究をやってましたし、日本酒を作る研究も深かった。それから法政大学の総長になった大内兵衛(註15)。それから、ともかくあの当時日本の進歩的な研究者や学者というやつが、ほとんど全面的に党の調査部に協力してくれましたね。僕は感謝にたえないです。

竹中：調査部は何人ぐらいいたんですか。

安斎：五人ぐらいしか、実際の職業的にやってるやつはいませんでした。だけど、中央部会だとか産業部会だとか電力関係とか国鉄関係とか、そういうブランチは持ってましたね。非常にたくさんの学者、研究者が協力してくれました。

それからあの当時、非常にありがたかったことは、政府に勤めていた人たちが共産党に協力してくれたんですよ。党員じゃない人が。例えば電気の原価計算なんか物価庁でやりますと、その資料が発表される前のうちにちゃんと手に入ったです。

それから、復興金融金庫なんてありましたでしょ。戦後の資本主義的な再生産を構築するために復興金庫というものが債権を出して、それによって貸出金を作り出して、もちろんそれはインフレになっていきますけどね、そういうものが出されて、炭鉱だとか企業だとか、こういうところに金を貸し出すわけです。その貸し出すときなんか、もうその日のうちにわれわれのところへ伝わってきましたよ。

竹中：しかし、大変なことですね。筒抜けですね。それはやっぱりシンパっていうことなんですか。

安斎：シンパですね。それはその当時、やっぱり共産党に対する信頼があったんですね。だから現状分析やなんかについて、比較的正確な資料を集めることができたということなんです。

竹中：そうですね。客観的な数字が集まるわけですからね。

安斎：だから僕は党を作るといったらあそこまで行かんとだめだと思うんですよ。そのためにはまず人民の信頼を根本的に勝ち取ることだと思うんです。ああいう状態はめったにないと思います。あの時期にはやっぱり共産党に対する非常な、幻想でしょうけれども信頼があったので、そういうことが可能であったんです。今はもう、そういう基盤というやつは非常に薄らいでるんじゃないですか。

竹中：四十六年から四十九年までの調査部の中で、約三年ぐらいの中で、何か一つ大きな、労農通信のときは読売の闘争（註16）があったんじゃないですか。

安斎：読売の闘争がありましたしね。まあ闘争という闘争には労農通信はほとんど関係しています。

竹中：一番大きいのが読売ですか。

安斎：いやいや。高萩の炭鉱（註17）もありますね。二・一ゼネスト（註18）なんか大きかったですね。

竹中：それはそうですね。じゃあ、一つ何か。

安斎：その前には十月闘争（註19）っていうやつがありますよ。これは四十六年ですね。新聞やなんかの産別会議が闘争をやってね。

竹中：その、まず十月闘争と、それから読売でもいいですし、あと二・一ですね。なんか話していただけますか。それ以外でももちろんいいですけど。

安斎：最初はね、十月闘争っていうやつは、一つは海運の首切りに対する海員の労働者の闘いがあったんですね。それから国鉄がもう一つあります。あの当時、合理化や何かに対して闘おうとする。西のほうはあまり闘いたくない、東のほうは闘う空気がある。

註1　プロレタリア科学研究所（略称「プロ科」）：1929年に設立され、現実社会のマルクス主義的分析や啓蒙活動を行った、戦前の科学者の民間学術研究団体。

註2　浅川謙次：（1909―1975）中国留学（北京同学会学校）後、プロレタリア科学研究所に参加。尾崎庄太郎とともに『プロレタリア科学』の中国革命欄を執筆。32年プロ科への弾圧に際し治安維持法違反で検挙。のち読売新聞記者。東亜研究所所員。戦後、中西功、西里竜夫らと労農通信社を設立、社長。45年日本共産党再建準備全国協議会に加わり、中西、西岡、尾崎庄太郎らと中国研究所設立に尽力。46年中国研究所設立大会、後理事。66年「中共派」として日本共産党除名。67年文革（文化大革命）評価をめぐって尾崎とも決別。毛沢東はじめ中国共産党関係書籍の翻訳に功績。

註3　労農通信：1945年10月に浅川謙次が日本労農通信社を創立。浅川は、同年11月15日に『日本労農通信』（週2回刊）を創刊し、労働組合結成や争議動向、農地改革闘争を主とする農民運動、さらに消費・協同組合運動、

婦人運動、部落解放運動、学生運動など、揺籃期の日本社会運動の実態を克明に記録し報道した。

註4　労農記者クラブ：普通の記者クラブと異なり記者個人が自主的に集まった。クラブの幹事役は浅川と時事通信の山崎早市。初期のメンバーは朝日の小原正雄・村上寛治、毎日の谷田部勝美・島信正、読売の国松藤一・大沼直志、日経の内田丈一、時事新報の市原儀徳、共同通信の山崎紀雄、NHKの川島浩、アカハタの清水俊雄などがいた。

註5　風早八十二（1899―1989）：法学者。専門は刑事法、社会政策。衆議院議員、弁護士。岡山県出身。1932年12月、野呂栄太郎らのすすめで日本共産党に入党。二度にわたり、治安維持法違反で検挙される。35年に出獄したのちは講座派の一人として社会政策理論の研究に専念。38年9月、人民戦線戦術によって日本共産党再建運動を展開していた時、革新官僚の稲葉秀三の勧誘推薦を受け、労働問題研究委員として近衛文麿の「昭和研究会」に参加した。

註6　産業労働調査所：1924年に設立。事務所は、東京麹町区内幸町に置かれた。「無産階級の立場から専門的に調査事業に従事する」ことを宣言して、所長に、野坂参三が就任、赤松克麿・加藤勘十らを所員とし、吉野作造ら無産運動にシンパシーを抱く幅広い著名人を顧問に迎えた。

註7　野呂栄太郎（1900―1934）：在野のマルクス経済学者。戦前の非合法政党時代の日本共産党の理論的指導者の一人。また、委員長として党を指導し実践活動にも関わった。

註8　板井庄作（1917―2003）：1943年9月9日、共産主義再建運動の謀議を行ったとして高木健次郎、勝部元、小川修、森数男、由田浩、白石芳夫、和田喜太郎らとともに神奈川県特高に検挙される。これは戦時下最大の言論弾圧事件「横浜事件」となる。この事件の最後の被告だった。

註9　徳田球一（1894―1953）：戦前戦後の共産党指導者。1928年の第一回普通選挙に労働農民党

から出馬（福岡第3区）落選、直後の2月26日に治安維持法違反で逮捕された。これが三・一五事件のはしりとなる。徳田は獄中で18年を過ごした。45年10月10日に、府中刑務所を訪れたフランス人ジャーナリストのロベール・ギランによって発見され出獄、連合軍を「解放軍」と呼んだ。戦後初代の書記長。衆議院議員。50年レッドパージにより中国に亡命。北京機関を組織。地下放送の「自由日本放送」を通じて武装闘争方針を指示した。北京機関内部で国際派との妥協を主張する野坂、ぬやまとの対立が表面化。53年北京で病死。死が公表されたのは55年になってから。家父長的（親分子分的）指導体制であったという批判もある。

註10　志賀義雄（1901－1989）：戦前戦後の共産党の活動家。1923年日本共産党入党。28年三・一五事件で逮捕、非転向のまま敗戦まで獄中にあった。衆議院議員、日本共産党中央委員などを歴任したが、徳田球一らの武装闘争路線に反対し神山茂夫、中野重治らと「日本共産党（日本のこえ）」を結成、委員長などを務めた。ソ連共産党から資金援助を受けていたとされる。

註11　彭徳懐（1898－1974）：国務院副総理兼国防部長（大臣）、中国共産党中央政治局委員、中央軍事委員会副主席を務めたが、毛沢東の農業・工業の大増産政策である大躍進政策を批判したため失脚した。

註12　廬山会議：毛沢東の大躍進政策の失敗が明らかとなったあと、1959年7月から8月に廬山で開催された中央政治局拡大会議。廬山会議で経済政策上の誤りを正す方法が絶たれてしまったため、中国の経済は悪化していくことになった。

註13　九月革命：いわゆる「九月革命説」のこと。共産党は、1949年1月の総選挙で、4議席から35議席へ躍進した。これを踏まえて、6月の拡大中央委員会で、徳田球一書記長が「九月までに吉田内閣を倒す」と一般報告の中で今後の方針を述べたことを指す。一般社会や労働組合に大きな波紋を呼んだ。

註14　守屋典郎（1907－1996）：弁護士、左翼活動家、経済学者。1932年日本共産党に入党。野呂栄太郎、

平野義太郎らの指導で経済学を研究、講座派の一員として野口八郎の筆名で活動。38年人民戦線事件などで検挙。40年出獄して大日本紡績連合会に入り、綿スフ統制会から繊維統制会価格課長。戦後共産党に再入党。

註15 大内兵衛（1888―1980）：大正・昭和のマルクス経済学者。向坂逸郎とともに、社会党左派の理論的指導者の一人として活躍した。

註16 読売争議：1945年10月、読売新聞社の従業員は正力松太郎社長以下幹部の戦争責任を追及し、社内機構の民主化、待遇改善など5項目の要求を掲げて新聞の編集・製作・発送を自主管理する生産管理闘争を行った。

註17 高萩炭鉱争議：茨城県の高萩炭鉱で1941年4月と8月の二度にわたって行われた労働争議。

註18 二・一 ゼネスト：1947年2月1日の実施を計画されたゼネラル・ストライキ。決行直前に連合国軍最高司令官ダグラス・マッカーサーの指令によって中止となり、戦後日本の労働運動の方向を大きく左右した。

註19 十月闘争：1946年秋に、産別会議の指導によって行われた傘下12産業別組合の共同闘争のこと。

安斎：やっぱり労働者がストライキをやるかやらないかというやつは、党が調整してやらせるべきじゃない、労働者自身の決定によってされるべきだと。

そうしたら産別会議の聴濤克巳(註1)さんたちが国鉄の中央委員会に乗り出してね。強引にストライキに押し込めようとしたりね。われわれもそれに呼応したようなものだけどね、今考えてみるとああいうことをやっちゃいけないな。ああいうことが国鉄の中に民同(註2)を作り出す客観的要因になったんじゃないか。

革命的なのはいいんだけれども、労働者の自発的な、自分自身の「やろう」という気を起こさせるのが党の任務であって、ああいう中央委員会で強圧的な態度をとるということは、僕はやっぱりまずいなと。そういうようなことをその当時感じましたな。下で中央委員の人らがやってると、その周辺に僕らみたいなのが動員されてね、それでやりにいったりなんかしてね。

竹中：中央委員会に行くわけですか。国労の。

安斎：うん。それで産別の聴濤さんが、堂々と産別会議で発言するわけですよ。あれは新聞で発言したかな。

とにかく、あんまり強引すぎたというようなことですな、あの当時感じたことは。中央委員会全体の考え方を変えるためには、例えば反対する人たちの中に賛成する人たちを作るとかね、そういう間接的な努力は党はやるべきだけどね、中央委員会という席上で、党の人たちとはっきりわかる人たちが強引にストライキを押し付けるということは、当時の戦術としては非常にまずかった。

二・一ゼネストになりますと、あれは明らかにアメリカ帝国主義がストップをかけてくることは予測されたですよ。例えばあの当時は斎藤一郎（註3）が産別の書記におりましたよ。彼はそれを予測してましたよ。ところが、党のほうではあんまり予測してなかった。むしろ「やれ、やれ、やれ」という形で押しまくったですよ。

で、マッカーサーからああいうふうに禁止命令が出たわけでしょ。そうすると徳田さんが、あそこへどういうわけで呼ばれていくのかわからんけどね、伊井君（註4）に会ってますよ。

竹中：らしいですね。この前、二・一ゼネストのやつ、テレビでドキュメンタリー風にやってましたけどね。そのときも聴濤さんと徳田球一さんが出てきますね。

安斎：ああ。徳田さんが出てね、伊井君に言うわけですよ。

竹中：それはやはり、いわゆるＧＨＱと徳田さんというのはそういうことで言われてきたわけですね。

安斎：そこら辺も僕らはつかんでないですけどね。おそらく、徳田さんがあそこへ出てくるのには、ＧＨＱの了解なしには出てこれませんからね。

ただ、当時の内閣としては、ある程度アメリカから物質的な援助を得るために二・一ストをかなりやらせて、やらすというか、盛り上がらせて、「もっとアメリカが援助しないと日本の左翼運動はこれだけ盛り上がってくるんだ」みたいなことで利用しようとしたのでしょう。あるいは、独占資本の一部はそういうことも考えたでしょう。

竹中：ええ。「吉田回顧録」（『回想十年』一九五七年）の中にはそういうことが出てきますね。

安斎：そこへ行くと、こっちのほうが単純ですよ。

竹中：伊井さんについて、ちょっと話していただけますか。

安斎：伊井君は言おうという気はなかったんです。二歩退却一歩前進なんてね。ところがあれ、僕は長い間彼と机を並べていましたからね。

竹中：伊井さんは、じゃあ、調査部。

安斎：いや、調査部じゃなくて書記局でね。机を並べて仕事を一緒にしてきましたからね。あのことを僕は聞きましたけれど、言う気持ちなかったんです。殺される覚悟で出たんです。

「それは立派だ」と言ったんですよ。「君が殺されたら日本の労働運動は質的に変わっただろう」と。

竹中：そうですね。ゼネスト貫徹ですわね、まさに。

安斎：ええ。彼は言う気持ち毛頭なかったんだけどね、やっぱり徳田さんの関係があったのであいうことを言っちゃったわけですよ。

まあそれは戦術として、その前にやっぱり徳田さんたちや伊藤律なんかは、当時の党の中央部は弾圧が来るということを予測しなかったことですね。弾圧が来たときにどうするかっていうことを対策を立ててなかったということですよ。そこが僕は政治家としては非常にまずい点じゃないかと思うんです。だから後で、二・一ゼネスト後、大衆と結びつくのが重要だなんていってね、党の二階でダンス始めたからね。

竹中：それは二・一ストと関係あってですか。

安斎：ああ。あるんですよ。

竹中：二・一ストの前後にですか。

安斎：後です。後でね、大衆との結びつきを強めにゃいかんということでね、ダンスなんか始まったんですよ。本部で始まったんですよ。徳田も踊ったと思うんだ。

竹中：なんか中国に似てるな、その辺が、なんかやるところが。

安斎：問題にならんですよ。やっぱり大衆の中に入って大衆と共に苦しみ、大衆と共に闘うっていうやつが共産主義者のあれであってね、ダンスをやることによって大衆との結びつきなんてね、できるもんじゃないんですよ。

竹中：ダンスをやる階級っていうのははっきりしてますからね。

安斎：僕ら子供のときから、上海で育ったから、ダンスってやつはね、学生たちがよく行きましたけどね、そんなの虫唾が走ってね。

それから賃金の統制を片山内閣ができるでしょう。二千百五十円だったかな。明らかに国家の賃金統制ですよね。一方ではさっき言ったように復興金が金庫（註5）を通じて湯水のように独占資本には流れるわけですよ。

だから貿易だってひどいもんでしたよ。あのころの貿易はね、円勘定とドル勘定で分かれてましてね。アメリカの資本家たちは日本の生産品を非常に安く買いたたくわけですからね、ドルで。ドルはあまりつまらんです。ところが日本の政府は円勘定で輸出されるものに対する金を払うわけ。だからどんどんどんどん紙幣を出すことによって資本家には利益をちゃんと保証すると。だけどバランスとってみるとドルは非常に少ないというような状態ですね。そういう不等価交換なんかが盛んに行われたわけです。それが四十九年のドッジプラン（註6）によってやめになって、そして三百六十円ベースというやつが打ち立てられたんです。

三百六十円ベースを堅持するために企業合理化というやつが強硬に推し進められて、そんなのはドッジのプランというようなものに出てるわけ。ところがドッジプラン、例えばそのときに経済安定九原則というやつを出しますよ。これは独占資本なりアメリカが出したくて出したくてしょうがない政策なんです。

だから芦田内閣のときに経済十原則というやつが出るんですけどね、これが日本人みんな反対によって実施されないと、今度はマッカーサーが直接乗り出してきてね、経済九原則（註7）というやつを日本の政府にも人民にも押し付けるわけです。そうするとね、昨日まで経済十原則に反対した共産党が、マッカーサーが言うと賛成に変わる。

こんなのが僕は疑問だったですね。内容同じじゃないかと。僕ら、調査部には学者が多かったから、「芦田内閣の経済十原則に反対してマッカーサーの九原則に賛成するというのはおかしいじゃないか」と。「内容同じじゃないか」と。こういう批判が起きましたよ。だけどこれもね、党の中央の決定だからね。

竹中：やっぱりそれは徳田さんのあれと同じで。

安斎：彭徳懐がね、大躍進は左翼小児病的なんじゃないかと言って批判した。僕はあれは正しいと思んですよ。あのころね、中国でも鉄の生産というやつを非常に重視してね。

竹中：土法炉（註8）の。

安斎：ああ、あの洋式のやつと日本のやつだといってね。土法炉をやって。
竹中：鍋でもなんでもってやつですね。
安斎：ええ。ところが作った鉄が使えないんですな。
竹中：まあ、そう簡単に素人が作れるものじゃないですからね。鍛冶屋が存在してるってことはそれだけ大変なことだから。
安斎：ええ。だから、僕は彭徳懐のああいう批判はね、積極的な意味があったと思うんですよ。そうすると、彭徳懐があしたことを言ったというのでやられるでしょ、盧山会議で。だから、そういうことをよう言うやつがいなかったんですな。
竹中：先生も言わなかったですか。
安斎：いや、経済十原則は言いましたよ。
竹中：言いましたか。
安斎：例えば志賀義雄にね。
竹中：そのときは書記局にもう入られてたんですか。
安斎：いや、僕はまだ書記局員じゃない。中央委員じゃないから。調査部の担当だったからね。とにかく徳田さんやなにか。
竹中：徳田さんの話を入れてください。さっきもちょっと出てたので、思い出話を。

安斎：僕はね、徳田さんは稀に見る革命家だと思うですよ。だけど、あの人には理論がないですね。例えばね、一九二四年、日本共産党は解党を決議するんですよ。それで五十年史の中ではね、山川均（註9）たちの策動によって解党を決議したように書いてるけど、そうじゃないんです。徳田さんがね、獄内においては先頭に立ったですよ、ある意味では。それからね、一九二四年の三月の会議では市川も賛成してる、解党に。野坂も賛成してる。だからあれを山川たちの日和見主義者の策動によって解党を決議したなんていうのは、僕は事実をごまかすものだと。

ただ徳田さんの偉いことは、これがコミンテルン（註10）のボイテンスキーというやつが上海に来て徳田さんと会うわけですよ。そして徳田さんはボイテンスキーなんかからこっぴどく批判されるんです。それで彼は党再建に努力するわけですよ。

それで一九二五年、彼は当時上海にいた佐野学（註11）を迎えてね。コミュニストグループオブジャパン、共産主義者団というものを組織する。そして日本共産党の再建のために努力される。こういう点はあの人の、やっぱり非常に革命家としての資質を表明していると思います。それについて山川とか堺だとか、ああいうかつて共産党の。

竹中：堺利彦、山川均のことですね。

安斎：山川均。もうやる気なくなってしまってる、そういう人とは違うというふうに僕は思うんですよ。

だけれども、理論がないからね。福本イズム（註12）が一九二六年になって日本の共産主義運動の支配的になるとね、これにまたべったりになってくっついてしまうんですよ。本当か嘘かは知りませんけれども、「山川は日本の生んだレーニンだ」というふうに持ち上げてるんですね。そういう意味では渡政（渡辺政之輔）（註13）も福本イズムに屈服したんだからね、そういう弱さを共有してたと思うんです。

で、モスクワへ行った。そうすると、モスクワへ行ったときに徳田さんは自分のぼろを出すわけですよ。昨日まで「福本は日本の生んだレーニンだ」と言ってたのにもかかわらず、「いや、俺も実は福本の間違いを知ってた」と。「だけど彼を連れてくるために彼をだまかしてこうやって連れてきたんだ」なんて言って渡政と大喧嘩やったりしてるんですよね。

そういうふうに、戦前からあの人は理論というものをあんまり知ってないんです。でも十八年間刑務所にいたということは、彼の偉大な革命家としての資質を示してますよ。これは尊敬せにゃいかんと思う。

竹中：大変なことですね、十八年間というのは。

安斎：ええ。徳田、それから志賀とかいうのはね。だから、僕は宮本（註14）なんかが今徳田を批判して家父長的なんてわーわー言うけど、確かにそういう弱さはあったけどね、同時に彼が不屈の革命家であったということについては、やっぱりちゃんと評価すべきだと思うんです。

それからね、五十年の党の分裂のときもね、徳田さんはやっぱり大きな過ちを犯しましたよ。コミンフォルムから批判が来たんです。「野坂理論というやつはマルクス・レーニン主義と縁もゆかりもない」と。こういうふうにして批判されたわけです。

ところが、あれは徳田理論を同時に批判した文書ですからね。単に野坂の理論だけじゃなしに、党全体の路線を批判したんだから。そうすると徳田さんがそれをカチンと政治的に受け止めるわけです。動物的な本能で。だから、「もうわが党はそういう誤りについては実践上克服してる」というような、克服してないのにね、いうふうな政治局声明というやつを出す。

それに対して志賀は不満でね。志賀意見書を出すというふうに、党の分裂の種をまいてますよ。それでコミンフォルムの批判を受け入れるべきだという、いわゆる国際派ですね、志賀、宮本、袴田、春日、蔵原、こういうものをね、実際上党から切り離した形で徳田さんたちだけが政治局の多数派。野坂だとか紺野だとかね、志田とか伊藤律だとかいうやつは潜っちゃうわけです。そして党中央委員会を実質上分裂に導いたわけですよ。

僕は当時、徳田さんと非常に近かったから、徳田さんにこう言われたですよ。「志賀の首を斬る」と。「春日も宮本も袴田も首を斬る」こう言うんです。だから僕は、「あなた書記長だから、あなたの言うことを僕は全部なんでも聞きたいと思う。聞かにゃいかんと思う。だけど、このことだけは僕はあなたに賛成するわけにいかん」と言ったんですよ。「団結してほしい」と。「確かに志賀は志賀意見書なんか回して誤りを犯した。だけど、あれの誤りを直す人が必要なんだ。誤りを直すためには徳田さんがやってくれる以外に他にやれる人がないんだ。十八年間一緒に刑務所で闘ったあなたにやってもらうよりしょうがないんだ。だから志賀とも団結してほしい」と。「今彼らと分かれて党を分裂するということは、俺たちに言わせると右の肺と左の肺と生身のまま引き裂かれるようだ。徳田さん、それを考えてほしい」と、こう言ったら、「生意気言うな」と言うんですよ。てんで受け付けないんです。

それから、そのついでのときに私はこういうことも言ったんです。「徳田さん、あんたはなんで伊藤律のようなやつをかわいがるんだ。彼の過去の経歴がこういうふうなことはみんなわかってるじゃないか」と。

竹中：特に尾崎秀実さんとよく知ってますからね。安斎先生の場合、その辺からもよくわかってるわけだから。

安斎：うん。「なんで律をそうかわいがって、そしてとにかく誤りはあったと思うけれども頑張ってきた志賀だとか春日庄次郎とか袴田とか宮本を首斬られるんですか」と、こう言ったわけだ。これがまた逆鱗に触れちゃったんですよ。そのうちに伊藤律が来ましたからね、なお都合が悪くなってね。

竹中：話してるときに伊藤律が来たわけですか。

安斎：いや、そのうちに来たんです。だからね、まあとにかく二年ぐらい顔を上げることができなかったです。けれども、私は徳田さんという人は革命家だと思ってます。彼の言ったことの中で私は「ああ、そうだったのか」と今でも思うことが一つありますよ。それはね、「宮本は注意しろ」ということ。

一応五十年の分裂のときは宮本はマルクス・レーニン主義を掲げ、そしてそういう旗のもとに闘おうとするポーズをとりましたよ。例えば野坂の理論を批判する論文の中で、「日本のような国はレーニンが言ったように武力を誰が持ってるか。これが平和的にやることができるかできないかの鍵だ」というようなことを言ってレーニンのものを引用してますよ。その時分までは、彼はマルクス・レーニン主義者というようなポーズをとってましたよ。だけどやっぱりフルシチョフが権力を握ってから、平和な道、ということをこの国際共産主義運動の総路線の中に入れようとするときに、彼はこれに飛びつきましたよね。そして日本共産党を修正しようとした。そういう意味では、事前に徳田さんはこれを見越していました。「あれは注意しろ」と。その憎悪が全く破天荒なんだな。

竹中：なるほどね。性格がぱっと表に出るんですね。

安斎：ええ。例えばそいつが典型的に出るのはね、宮本百合子が死んだとき。乾杯だ。乾杯をやるんです。とにかく、今喧嘩はしてるかもしらんけどね、百合子もやっぱり日本革命の一兵卒として闘ったんでしょ。それが死んだのを喜んで乾杯する気にはなれんですね。

竹中：しかし本当に個性の強い人ですね。好き嫌いというか。やっぱりそういう人が指導者にいたんですね。

安斎：ええ。だからわれわれの中にはそういうものを寛容な人がおりますよ、やっぱり。指導者はそういうぐらいなものじゃなくちゃいかんという。

しかし徳田さんは革命家であるけれどもマルクス・レーニン主義者ではないですね。私たちがなぜマルクス・レーニン主義の勉強を強調するかというと、そこが毛さんと徳田さんなんかの区別ですね。とにかく、マルクスやレーニンのものには山に立てこもって長期の武装と革命的農村で都市を包囲するなんていう理論のひとかけらもないです。むしろレーニンよりはレジスタンスや王明（註15）の路線ですよ。都市中心の。だからレジスタンスや王明は教条主義だと言えば教条主義ですがね、そういうものでしたよ。

しかし、そういう干渉を受ける中で、毛さんがやっぱり中国革命を勝利に導く正しい路線を作るために健闘されたということは学ばにゃいかんと思う。あれは独創的ですよ。そうじゃない？　今までのマルクス・レーニン主義の中にはなかった理論を実践の中で作り出しましたよ。井崗山の闘争（註16）やね。

それからね、やっぱり彼を本当に親身になって支えてくれる人が必要だったですね。ところがそういう人がいなかったんですね。だけど、徳田さんもそういう人をなかなか作ろうとして、例えば椎野君なんていうのがね。それから岡田文吉（註17）君ね。

竹中：ああ、岡田文吉さん。北京に行かれた。

安斎：それから婿になったぬやま（註18）ね。彼らは徳田さんを誤らせないように援助すべきだったと思うんですよ。ところがあの人たちは徳田さんの悪い側面を助長するような役割を果たしたね。もう徳田さんの言うことにはすぐ同調しちゃってね。だからそういう意味では徳田さんも幹部を育てるという意味じゃね。志田だってそうですよ。やっぱり良い幹部を作らなかったっていうのがあの人の欠陥でしょうな。

竹中：でも、ある意味では非常に、僕はよくわからないけど、なんか、孤独だったんじゃないですか。逆にそうやって批判してもらうということじゃなくてみんなからそうやって言われるっていうのは孤独だと思いますね。やっぱり指導者として言われて批判をされたときのほうがやはり。

安斎：しかしあの人は聞かなかったでしょうな。

竹中：いや、聞くも聞かないも、やはり言ってくれる人がないというのは、やはりある意味で非常に孤独だと思いますけどね。

安斎：だから、気の毒ですよ。それは何もね、それが個人の弱さでなしにね、われわれ全体の弱さがね、徳田をしてああいうふうな過ちを犯させたと思うんですよ。そういう意味では私らも、ある程度言ってぶっ叩かれたけれどもね、そういう点で不十分だったと思いますよ。だから徳田に対しては私は親しみを感じてます。あんな人が日本から生まれたというのはね、日本人みんなの誇りの一つだと思ってますよ。

日本ではやっぱり渡辺政之輔だとか国領伍一郎（註19）、これはすごい人物ですね。僕はみすず書房から出してる予審の取り調べに対する調書（みすず書房『現代史資料』）をずっと読んでますけどね。国領という人は素晴らしい人ですね。彼は取り調べに対して同志の名前を一人も挙げてない。いや、挙げてるのは二人おる。佐野学と春日庄次郎です。ところがね、なぜ挙げたかというと、彼らが警察でべらべらしゃべってるもんだからね、腹立ててね。

竹中：逆に。

安斎：うん。だから彼の調書はずっと見てます。「それは言えません」「それは言えません」と言って、同志のことは一言も言ってないです。それは見上げたもんですよ。予審廷における態度だって堂々たるものだったらしいですね。だから裁判所のほうが国領には一目も二目も置くというような態度だった。渡政、国領というような、ああいう人を日本の共産主義運動は生み出した。

それから杉浦啓一(註20)なんていうのも優れた人ですね。身体は五尺に満たなかったらしいですよ。小学校もろくろく出てないからね、書いた字がなかなか読めない字だったらしいですよ。だけれどもよく大衆と結びついてますね。二十四年から二十五年にかけてね、日本の労働運動を杉浦啓一なんかは指導するわけですけど、その典型的なやつは一九二六年に闘われた共同印刷の闘争と浜松の日本楽器製造(現・ヤマハ)のストですけどね。とにかくあの当時、労働者の闘いで、共産主義者はみんな関係してますよ。

それだけ労働運動と結びついていたわけです。それ以後、そういうような状態になったのは、戦後の徳田さんの時期が、私たちが労通にいたり調査部におったときに、とにかく労働者の闘争に全力で関係していった。しかし、その伝統はいまの共産党にはもうほとんど、全くといっていいほどないですよ。彼らにとってはね、選挙の票と赤旗日曜版の拡大だけですよ。これは僕も赤旗日曜版の拡大については責任があるんだけれどね、私が党の書記局におって財政を担当したときには、赤旗日曜版を拡大することによって党の財政が非常に潤うわけ。彼らが赤旗日曜版の拡大を言うのは、根本はそこです。だからこれは政治資金規正法に表れてますよ。今や自民党よりも共産党のほうが政治資金多いんでしょ。まぁ、もちろん自民党は本当はもっと多いんですよ。なぜ日曜版があんな多くなったか。また赤旗日曜版専従職員の給与の問題。

竹中：版の拡大。この赤旗日曜版の拡大によって党の資金、幹部の給料、こういうものが決まっていくわけですか。

安斎：うん。かつては六全協（註21）直後の党は議長である野坂と受付の事務員との給料は同じベースだった。ところが今は違うんですよ。何段階ものものができちゃった。それで地方委員だとかなんとかかってやつは労働貴族と変わらないような賃金を取ってるわけですよ。そういう物質的な基礎は何かというと、赤旗日曜版の拡大ですよ。それによって党の幹部は腐敗していってます。

それから昔はね、徳田さんのときには、誤りもあった。犠牲もあった。すぐに社会党の人たちなんかはね、労働貴族だとか裏切り者扱いにしましたよ。そういう点で行きすぎはありました。だけど、大衆と結びつき大衆と共に苦しみ大衆と共に闘うという、その線は徳田さんの時分には維持されたんです。惜しみなく。「報いられることのない献身」とかなんとかいってね。

徳田さんがよく書きましたよ。「報いられることのない献身」というような言葉でね、あの当時はみんな労働者の中に入り、労働者のために苦しみ、労働者と共に闘う、そういう共産主義者としてＡＢＣが党員の中にずーっとしみこんでいました。ところが今はそういうものはないです。工場に大細胞はあるんですよ。どこにも。

竹中：日本鋼管なんかにもあるでしょう。大きな経営細胞があちこち大資本の中にあるんですからね。

安斎：あるんです。だけどね、これは闘ってないんです。これが徳田さんのときに、誤りはあっても闘ってたら、僕らは宮本に反乱しなかった。今何が重要かっていうと、選挙の票集めだけなんですよ。

あとやっぱり赤旗拡大ですな。出版物として経営が成り立たなきゃいけないからね。それは専従職員の頭がでかくなれば、それを養っていくという考え方が当然、一つの資本主義の中に生きてる限り仕方ないことですよね。

竹中：やっぱりそういうことになりますね。

安斎：やっぱりね、宮本自身が僕は、共産主義者、共産党員の首領としては欠けると思うんですね。彼は一体、一度でも搾取されたことがあるかっていうんです。農民としてでもいい、労働者としてでも。そういうことないですよ。

それからみんな党員の中にはいろいろな段階で闘ってるわけですね。例えば私は共産主義青年団に中国で入ったときには細胞として闘ってます。闘争をやってるわけです。ところが彼にはそういう経験があるかどうか。文化活動だとか宣伝部の活動とかいうところをちょこちょこやっただけでね。

それは彼の偉いところは、敵に逮捕されたときに一言もしゃべらんかったですね。これは彼の立派なところです。僕はこれを否定しようとは思わない。事実ならば。その点は彼は立派です。日本の共産主義者で彼ぐらい敵の取り調べに対して厳格な対応を取ったのはおそらく彼だけでしょう。あとは殺された人たちですね。渡政だとかね。国領なんかも立派ですが。

例えば春日庄次郎なんてのは、さっき言ったように、国領が言うようにべらべらしゃべって。それは春日庄次郎だけじゃない。そういう点では宮本はやっぱりいいものを、模範を示したと。しかし彼の現在の理論というのはどうだと。昔立派にやったから今どんなことやってもいいということにはならんと思う。

一九四九年の中国渡航から一九五五年の帰国まで

竹中：そうですね。それで、四十六年から四十九年までの、調査部。四十九年以降。

安斎：四十九年に中国が革命に勝利したでしょう。そうしたら徳田たちから「お前中国へ行け」ということになったんですよ。

竹中：なんで。

安斎：中国のことを少しわかった人間が、というようなことだったですな。それで行けっていうからね、私は神戸から外国船の船員に化けてね、天津に行ったんです。

竹中：そのころはそういう航路があったわけですか。

安斎：外国船は往復してたんですね。それで神戸の同志たちに外国船員を買収してもらったんです。で、こっそり乗り込んでね。日本の領海を出るまでは船底に潜んでいて、日本の領海を出たら表に出て、それから向こうへ着いたらね、向こうの警察に捕まったんです。それで最初は密航者として向こうから取り調べられたけど。僕はマンダーズを持ってたわけです。証明書。それを出したわけですよ。

竹中：それは党の証明書ですか。

安斎：そうそう。そしたら急に取扱いに困っちゃってね。

竹中：それは事前に連絡なかったんだね。

安斎：ないんです、そのころは。それから立派な迎賓館みたいなところへ連れていかれてね、それから向こうの人たちが北京に連れていって。その一年後ね。徳田さんが来たんですよ。九月ごろかな。五十年の。そして徳田さんが僕の面を見るとすぐに言いだしたのが、「志賀を首斬る」ってこと。
竹中：さっき聞いたのは、そのときに。名前を挙げたメンバーっていうのは。
安斎：そうなんです。春日庄次郎を斬ると。宮本も袴田も斬ると。共産主義者じゃないと。
竹中：そのときに、それだけは私は承服できないというのは、そのときのことなんですか。
安斎：ええ、そうですね。そうしたら、楊正（註22）はそれを見てたわけだ。僕が徳田さんとやり合うのを。
徳田さんは三十回ぐらいテーブルを叩きましたよ。怒って。僕も三回ぐらい叩きましたかな。そうしたら後で楊正は僕に、「お前は指導者に対する態度が間違ってる」なんていうからね、「何言ってるんだ」って言ったの、僕は。「あっちこそ指導者の態度じゃないじゃないか」と。
竹中：しかし、その楊正さんもちょっとびっくりしたんでしょうね。党の序列関係から言ったら、徳田は日本の毛沢東ですからね、中国で言えば主席が来たわけですから。それがやりあってるわけですからね。同じ幹部は幹部でもやりあってるわけですからね。そういうのから考えると、さっき言った彭徳懐の問題なんかもやっぱりあるわけですよね、中国の中でね。
安斎：そう。だからね、楊正と喧嘩しましたよ。しかしあいつはいいやつでね。まあそういうふうに、その時々に私の出すぼろを彼はこっぴどく批判してきますよ。だから僕はね、彼に感謝してるんです。

竹中：でもやっぱりそういうときにやるっていうのはまた本当、なかなかその人も言えないことですよね、先生に対してもね。外国の、ある意味では、いわゆる賓客ですからね。

安斎：まあ、賓客というか。

竹中：党というレベルからすればやっぱりあれですからね。

安斎：しかし僕はあんまりお客さんのような気ないんですね。

竹中：でも四十九年ということは新中国成立以後、先生が初めて入ったんですね。

安斎：ええ、そうです。

竹中：日本人として初めて中国に入った人ですよ。

安斎：それから同時にね、今の工藤晃(註23)が行ったんです。あれが北京大学の日本語の先生に。僕よりちょっと遅くでしょう。北京で会いましたよ、彼に。

竹中：徳田さんはなんで来たんですか。

安斎：それは中国の党が呼んだんですよ。十八年間も刑務所におってね、身体の状態はどうだと。今度捕まったら命なくならんかというような温かい配慮ですね。だから、干渉しようなんて思って呼んだんじゃないんですよ。

竹中：そこはしっかりしないと、また大事なところですね。

安斎：中国の大国主義的干渉だなんて言うけど、そうじゃないんです。それで徳田さんの意向で野坂参三も呼んだわけ。それからぬやま・ひろしも呼んだわけ。

＊　＊

竹中：当時やっぱりそういう意味では日本はかなり危険な状況にあったんですね。

安斎：非合法に走った。党の主流派はね。だから徳田さんが次々と呼んで、いわゆる北京機関（註24）というものが作られたわけ。そのときに私は徳田さんの逆鱗に触れてたわけですが。

竹中：さっき言われたところにつながるんですね。

安斎：ええ。だから「お前のようなやつは中国の機関には置けない」と。

竹中：しかし徳田さんはよっぽど伊藤律を気に入ってたんですね。

安斎：そうですねえ。うまかったんですねえ。おべっかというか、そういうのがうまかったんですね。

竹中：しかしそれは徳田さんにとっても不幸だったけど、尾崎秀実さんにとっても不幸だったかもしれないですね。

安斎：僕はね、徳田さんも、それから毛沢東もそうですね。これはね、偉い人になる人は幹部をよく見抜くということが必要ですよ。例えばね、私は林彪（註25）を毛さんの親密なる戦友という歌ね。あるときに「なんでこういうことを言うのか。もし親密なら戦友というなら、朱徳（註26）さんをまず第一番に挙げるべきだ」と。

竹中：そうですよね。

安斎：離れがたく結びついてますよ。

竹中：そうですね。あの二人があって初めて。

安斎：朱徳さん。朱徳さんの次には周恩来（註27）だとかね。やっぱり僕は、偉大な指導者というやつは幹部を見ぬく目が必要だと思うんですよ。

竹中：林彪は相当持ち上げましたからね。真っ赤な真っ赤な真っ赤な太陽とか、天才とか。

安斎：しかし僕らはあれを納得しなかったんですよ。ただ、ひとの国のことだからね、公然とは言わなかった。だけども、私、『毛沢東選集』を翻訳したんだけどね、第一巻の「星星之火可以燎原（小さな火花も広野を焼き尽くす一九三〇・一・五）」という部分があるでしょ。あれは林彪批判だということを、僕は前から知ってましたよ。林彪の右翼日和見主義的なものを批判したんだと。

それから私は中国の中央統一戦線工作部にいるときに、内部文献として毛さんが林彪を批判した文書を読みましたよ。なんでこういう人を親密な戦友というのか。これは非常に疑惑でしたよね。

それから毛さんの自由主義に反対する論文その他を読めばね、自分の身内の者を党の上のほうに上げるということには毛さん反対されてました。ところが九回大会で江青（註28）が政治局員になるでしょう。江青が政治局員になるだけじゃなしに、林彪の奥さんの葉群までが政治局員になるでしょう。僕らのところであれ大問題になったの。発表しない。これは口を止めましたよ。なんだって、この人事は。

うちには原田長司（註29）というのがおって、口の悪いのがおってね、江青の前身をある程度調べてたんです。あの女がどういう男遍歴をたどったかなんか知ってるんです、彼は。だからもう、猛烈な反対が起きたです。ところがね、そういうやつを重用するでしょ。

ところがまず彭徳懐をやっちゃう。将軍というものをやっつける。

竹中：そうですね。張聞天（註30）にしたっていわゆる総書記でしょ。第一回目の総書記ですからね。前はあれ毛沢東より上だったんですよね。いわゆる準備会議のあの辺ぐらいはたしか。そのくらいの人物ですからね。

安斎：彭徳懐をやった後、そういうふうにしてやる。その次には誰がやられたかといったら、あれですよ。彭真（註31）がやられる。陸定一（註32）がやられる。羅瑞卿（註33）がやられるでしょ。それから僕のお友達である楊尚昆（註34）がやられる。

私たちは、楊尚昆という人は毛沢東同志にもっとも忠実な人として書記局の書記をやってるということを聞いてましたよ。それで私たちを慰めに来てくれた。「ニーハオ」なんて言って肩たたいてくれたのを今でも覚えてますよ。そういう人を片っ端からやられるでしょ。片方では江青だとか姚文元(註35)だとか張春橋(註36)だとか、僕らがあまり知らない人たちがぐんぐん政治的地位を高めていくでしょ。これには俺たちは口に出さなかったけれど非常に疑惑を持ったんです。

それから同時に政治路線の上でも疑惑を持ったんですよ。例えば毛沢東は発達した資本主義国におけるのと中国のような半封建半植民地の国との革命をはっきり区別してるんですよ。中国ではね、農村に根拠地を作って長期の武装闘争を経て革命的な農村で都市を包囲するという理論は正しい。だけど発達した資本主義では違うということを書いてるんですよ。ところが林彪が偉くなったら、あれは普遍的な意義を持つと。

竹中：まあ、人民戦争万歳を書きましたからね。それも世界の農村から世界の都市をという世界革命戦略まで広げていったわけですからね。

安斎：それで日本にもああいう理論を押し付けようとする意向をはっきり示したんです。それは六十七年に僕が中国に行ったら、軍事委員会から来たマーという講師がね、山に立てこもって長期の武装闘争をやるという理論を僕らに一週間ぐらい話すんですよ。

ときたま、僕は風邪ひいたんです。だからね、「風邪ひいたから明日からあんたの話聞かん」と。「だけど最後にあんたに質問する」。毛沢東は発達した資本主義国においてはブルジョワジーが無力になった。都市の労働者が自ら進んで武器を取ろうと。第三には農民がこれを支持すると。

こういうときに蜂起の問題なり武装闘争が問題になるということを毛沢東選集の二巻ではっきり書いてある。しかも最後の結論に毛沢東はこう言ってる。「発達した資本主義国では都市から農村であって農村から都市へではない」とはっきり書いてる。「この論文はいまや無効になったのか。あんたの言うことを聞くとこの論文はどうも無効になったようだ。ひとつ聞いてもらいたい」と言って寝ちゃったの。

そうしたら二週間ばかりしてあの姚文元がね、会いたいというから人民大会堂に行きましたよ。そうしたら毛さんがピー（批書）書いたって。

竹中：それであの李初梨（註37）さんが助かった。

安斎：それはね、李初梨さんなんかは僕らと話す前に済んでたことなんですよ。日本の革命の問題では。

竹中：だから四十九年のその段階からもう長い付き合いですしね。日本の状況分析については一緒にやってこられた間柄でもあるわけですしね。

安斎：そういうような、毛さんの思想は、毛さんの親密なる戦友というんだけれども、毛さんの思想をこの人たちがわかっているのか、こういう疑問を私はその当時から持ってました。

そこまでは言わなかった。けれども、そういう実際を通じて林彪が副統領だとか後継者だなんていうことが決まった九回大会、それから江青や姚文元が政治局員になるということについては、うちの中は非常に不満だった。ただね、そういうことはあまり口に出すまいと、抑えて知らせなかった。

竹中：まあ、主要なことではないかもしれないですね。しかしそれが結果的には助長されていけば、一つの党の路線で大きな誤りを犯すところまで発展するわけですけどね。

安斎：それからね、これは今ごろになって言うのはおかしいけれどもね、あの毛さんが第八回党大会で決めた政治路線ですね。あれを自分自身で変えてるんですよ。僕はああいうことはどんな偉大な指導者だって許されないと思ってる。

大会の決定が最高の決定なんですよ。ところが八回大会の、何回かやってる間にブルジョワジーと労働者との矛盾が主要な矛盾にこう、あの人は変えてるんだ。もし変える必要があったら党大会を開くべきですよ。その前に中央委員会を開いて、主要矛盾が転化したのだから党の路線は変える必要があるといって、政治局でも討論して、そして変えていくべきです。

ところが第八回党大会の決定をそっくりそのまま残したまま、今度プロレタリア文化大革命を始めるわけですよ。これは、僕は党の指導者としては大変まずいと思う。それで今度は劉少奇（註38）や鄧小平（註39）が資本主義の道を歩む実権派として打倒されるんでしょ。

竹中：劉少奇や鄧小平は、第八回党大会の決定をまじめに遂行した。

安斎：そういうことをすれば全くその通りですからね。遂行した人がやられちゃうわけですからね。でしょ。それが資本主義の道を歩むものとしてやられる。そればかりでないんですよ。僕らはやっぱりプロ文化大革命にたくさんの人が殺されてるということをね、自分の骨身に感じなくちゃいかんですよ。日本のプロ文化大革命を支持する人たちは傍観者なんです。

竹中：まあ、研究者とか、客観的な人ですね。

安斎：ええ。自分自身でプロ文化大革命の中で肉を削り骨身を吸われるような苦痛をなめてないんです。李初梨の悩みなんて、あれ知らんでしょう。彼らがどうして八回党大会の路線をやろうとしてやられたかということ。これが一万、二万なら僕も我慢しますよ。まあ、革命にも犠牲が必要だから。一億ですよ。一億の人がね、とにかく血を流すような苦痛をなめた。そういうのはね、僕は「やっぱり毛沢東はまずかった」と言うべきだと思います。

だからそういう意味では私は、いろいろたくさんわからんことがあるけれどもね、今度の決議を支持する。だからね、私、一緒に闘った連中、みんな顔が朗らかになってるのよ。そうですよ。家栄（秋岡家栄）（註40）さんがそうだ。

竹中：それはやはり言葉じゃなくて、よく知ってる昔の同志ですからね。

安斎：ええ。彼らがどういう苦しみなめたか。何年間も刑務所にぶち込まれる。われわれはね、毛さんは偉い理論家だ。人民内部の矛盾と敵対的矛盾（註41）とを区別しろと教えた。しかしあの人自身がそれを区別しなかった。理論と実践の結合といったって、これは明白な分離じゃないか。

だからね、毛沢東の偉大な点、これをわれわれは学びますよ、今後も。だけれども、日本の共産主義運動の中で表れたいろいろなあれとにらみ合わせて、やっぱりまずい点はまずい点と言うのがいいって。

竹中：それで、ちょっと話をまた戻しますけど、中国から何年に帰れと言われたんですか。

安斎：一九五五年。

竹中：だから一九四九年から五五年まで中国におられたわけですよね。統一戦線部のいわゆる日本組におられたのは。

安斎：最初一年。あとは北京機関ですよ。だから私は徳田球一、野坂参三、ぬやま・ひろし、岡田文吉、伊藤律、こういう人の指導のもとに苦労したわけですよ。

竹中：指導のもとに苦労したっていうのはすごい深い意味があるみたいですね（笑）

安斎：いや、そういう指導だったんだね。

僕はね、五十一年綱領（註42）というのは全く非科学的な、日本の現実と一致しない綱領だと思ってるのよ。大体ね、まだ忘れませんよ、僕。「日本の工業はとどめを刺されようとして」

と書いてますよ。そうじゃないんですよ。

竹中：ちょうど五十一年は朝鮮戦争ですかね。

安斎：朝鮮戦争でドルを稼いだんですよ。ドッジプランによって日本は経済恐慌に陥ろうとしてたんです。あの戦争でその恐慌が吹っ飛んじゃったんです。

それから、とにかく五十年までに上からの改革にしろ、農地改革が行われたです。封建的な搾取というものは耕地に関する限りなくなったんですよ。ところが農地改革なんかなかったような文章でしょ。実際と合わないんですよ。

綱領の力強さというのは何かというとね、現実を正しく反映することですね。モスクワで誰が作ったかしらんけれどもね、あんなの日本の現実と合わないですよ。革命の根本問題は権力の問題だ。あの権力の規定はどうだ。一番上に天皇制がある。特権官僚がある。封建地主がある。それから独占資本があると。

そうじゃないですよ。独占資本が権力を握ってた。そういう事実によって証明される動かすことのできないことに違反する綱領をね、モスクワで作ったんです。僕は不満だから、ときどき質問という形で出した。例えば権力の問題は、「これは古いものの順序にお書きになりましたか」と、こうやったわけ。

竹中：天皇制から始まって。

安斎：ええ。そうすると、そうじゃないと。これは権力の罪について決めてる。こういうことですよね。もう箸にも棒にもかからんというのがあの綱領ですよ。アメリカ帝国主義が日本を支配してるということを強調しながら、吉田政府を倒すことだと、こうなってるでしょ。

竹中：だけど実際に五十一年綱領は実践に移されたわけですからね。

安斎：ええ、やられたんですよ。それで極左冒険主義でやったんです。

竹中：だけどあの当時の山村工作隊（註43）なんかが出てくるのは五十一年綱領の中でしょ。そうすると非常に外国から通信を送ったわけですね。指令を出したんですね。

安斎：五十一年綱領というものは日本にすぐ送られましたからね。それで志賀たちによって採択されましたから。

竹中：北京のほうはどうなるわけですか、そのときは。

安斎：北京を通じて送ったわけ。それから北京は自由日本放送（註44）を通じて五十一年綱領の宣伝の極左冒険主義をうんと煽ったんです。

竹中：だけど実際的な指令というのは北京が出すわけでしょう。

安斎：そうですな。徳田さんがおる間はね。
それ出すわけですね。と、国内でそれを受け取るのは志田。そして山村工作隊、中核自衛隊（註45）とか、そういう形の路線は中でやるわけですね。ただ、実際的に北京にいても、やっぱり日本にいるのと違いますよね、影響力とか、実際のあれは。
だから自由日本放送を通じて毎日毎日情勢に応じたものを、極左的な路線を日本に注ぎ込んだわけですね。それを伊藤律が主宰してたわけです。ところが徳田さんが死んだら勢力関係が変わっちゃいましてね。

竹中：徳田さんは何年に亡くなられたんですか。

安斎：五十三年ですね。

竹中：じゃあ先生いらしたってことじゃないですか。

安斎：ええ、おりました。僕が徳田さんの棺担いだんですから。

竹中：亡くなるとき、どういう状況でしたか。

安斎：亡くなるときは、僕は知らんな。死んでからね、北京機関に持ってこられて、デスマスクを取ったりね、何かしました。

註1　聴濤克巳（1904―1965）：朝日新聞記者として論説委員などを歴任。朝日新聞労働組合委員長（初代）に就任した。1946年には全日本新聞通信労働組合と全日本産業別労働組合会議（産別会議）で、それぞれ委員長（初代）を兼任した。

註2　民同（民主化同盟）：1947年の二・一スト中止ののち、労働組合における共産党主導の排除を目的に結集された集団。その系列組合を中心に総評が結成された。

註3　斎藤一郎（1911―1968）：中学卒業後、農民運動に入り、1932年、全農全国会議秋田地方委員会を結成。同年日本共産党員として治安維持法により検挙され、32年まで入獄。戦後、共産党再建とともに入党。46年産別会議書記。49年共産党東京都委員。著書に『二・一スト前後』『日本の労働貴族』など。

註4　伊井弥四郎（1905―1971）：産別10月闘争の後、共産党指導で全官公庁共闘会議が結成され、議長となり、1947年1月18日「二・一ゼネスト宣言」を発表、1月31日、中労委斡旋は失敗、スト突入不可避となった。伊井はGHQに呼ばれスト中止命令受諾を強要され同夜9時すぎ中止命令を受諾。そのままNHK放送室に連行され、マイクの前に立った伊井は「一歩後退二歩前進、労働者農民ばんざい」と涙ながらに放送した。共闘会議は解散宣言し、日本初のゼネストは占領軍命令で不発に終わった。

註5　金庫（復興金融金庫のこと）：第二次世界大戦後の日本経済の復興資金を供給するため、復興金融金庫法に基づき1947年1月全額政府出資で設立された政府金融機関。主として日本銀行引受けの復興金融債（復金債）の発行によって調達した巨額の資金を傾斜生産方式のもとで石炭、鉄鋼などに集中的に融資し、49年3月末には融資残高1319億6500万円、復金債発行残高1091億円に達した。この復金債の大量発行により日本銀行券が増発され、これを原因とした復金インフレーションを引起した。

註6　ドッジプラン：1949年2月、連合国総司令部（GHQ）財政金融顧問として訪日したアメリカ合衆国のデトロイト銀行頭取ジョゼフ・M・ドッジの指導に基づき、49年から吉田内閣が実施した一連の経済財政政策。その基本線は48年12月アメリカ政府が日本経済の安定と自立化を目的としてGHQを通じて指令した経済九原則を具体化することにあった。具体的には、超均衡予算の実施、財政支出の削減、シャウプ勧告に基づく税制改革、1949年4月25日からの1ドル＝360円の単一為替レートの設定、復興金融公庫の廃止と見返り資金勘定の創設、傾斜生産方式から集中生産方式への転換、封鎖経済体制から開放経済体制への移

行などの諸施策が打ち出された。その結果、金詰まりによる中小企業の倒産や合理化による失業者の増大などを招き、社会不安を激化させたが、ともかくインフレーションを収束させ、日本経済を再建することができた。

註7　経済九原則：1948年12月、アメリカ政府から連合国最高司令官総司令部（GHQ）を通して日本政府（吉田茂内閣）に指令された強力なインフレ収束策。具体的には、（1）財政支出をきびしく引締め、すみやかに真の総合予算の均衡をはかる、（2）税収計画の実施の促進強化および脱税者に対しては徹底的な刑事訴追措置の実施、（3）融資は真に経済復興に貢献する事業に限定する、（4）賃金安定の実現、（5）価格統制計画の強化、（6）外国貿易統制事務の改善と外国為替統制の強化、（7）輸出貿易振興のための割当てと配給制度の改善、（8）重要国産原料と工業製品の生産増大、（9）食糧供出計画の能率向上。

註8　土法炉：1958年の毛沢東の大躍進政策で中国各地に大量に造られた製鉄炉のこと。「土法」は中国の伝統技術・民間技術を意味する。この製鉄法は日本の「たたら」に似ているという説もある。土法炉で生産された鉄は使い物にならなかった。

註9　山川均（1880―1958）：在野の経済学者・社会主義者・評論家。同志社中退後、上京して守田有秋と刊行した『青年の福音』で1900年不敬罪。06年『日刊平民新聞』の編集に参加、直接行動論を支持し、08年赤旗事件で荒畑寒村とともに服役中のため大逆事件への連座を免れる。のち堺利彦の売文社に入り『新社会』の編集に参加。『社会主義研究』を創刊。22年第一次日本共産党の創立に参加。27年共産党を離れ雑誌『労農』を刊行。労農派の中心的理論家として活躍。37年人民戦線事件で検挙された。戦後は雑誌『前進』『社会主義』を刊行、51年社会主義協会を結成し、大内兵衛とともに同人代表となるなど、日本社会党左派の理論的指導者として活躍。

註10　コミンテルン(Comintern)：共産主義インターナショナル Communist International の略。第三インターナショナルあるいは略して第三インターとも言う。1917年ロシア革命の成功を受け、19年3月にモスクワに創設され43年5月まで存続した各国共産主義政党の国際統一組織。日本共産党は、コミンテルンの日本支部になる。21年まではレーニン、それ以後はスターリンが指導した。第二インターに比べ強固な国際的団結と規律をもち、民主的中央集権の組織原則のもと執行委員会の指導で活動するとされた。1923年まではドイツを中心としたヨーロッパ諸国の革命運動を、1919年―27年には中国の革命運動を支援。しかし、ドイツでナチスの台頭を許し、1934年以後人民戦線戦術で巻返しをはかり、第二次世界大戦下の反枢軸統一戦線をつくり上げるのに一定の役割を果たしたが、43年5月ソ連の外交方針の転換と各国共産党が独立性を強めたため解散した。

註11　佐野学（1892―1953）：昭和初期の非合法政党時代の日本共産党（第二次共産党）の中央委員長。獄中から転向声明を発表し、大きな反響を呼んだ。

註12　福本イズム：福本和夫（1894―1983）の理論体系。1925～26年『マルクス主義』誌上で山川均の協同戦線党的単一無産政党論（山川イズム）を日和見主義、折衷主義と批判し、ブルジョア革命から社会主義革命へ転化する二段革命論を唱え、折衷主義からの分離・結合を提唱して、26年日本共産党再建大会の指導原理となるも27年テーゼで山川イズムとともに批判され、影響力を失う。

註13　渡辺政之輔（1899―1928）：日本の労働運動家。非合法政党時代の第二次共産党書記長。通称「渡政」（わたまさ）。1922年第一次共産党結成と同時に入党。日本労働総同盟左派の中心的リーダー。総同盟分裂後は日本労働組合評議会で共同印刷、日本楽器などの労働争議を指導。党再建後、中央委員。コミンテルンによる27年テーゼの作成に加わる。帰国後、福本イズムの退潮をうけて党書記長。28年国際連絡の帰途、

台湾の基隆で刑事に誰何され拳銃で刑事を射殺。自身も拳銃で自殺した。丹野セツは妻。

註14 宮本顕治（1908－2007）戦前戦後の共産党の活動家。文芸評論家。1958年に日本共産党の書記長に就任してから同委員長、同議長を歴任。40年間、日本共産党を指導した。参議院議員（2期）。議席を持たなかった時期もある。宮本百合子は妻。

註15 王明（1904－1974）：一時期中国共産党の最高指導権を掌握したが、毛沢東との権力闘争に敗北。中華人民共和国成立からほどなくモスクワに事実上亡命した。

註16 井崗山の闘争：毛沢東は井崗山で1928年12月から土地改革に着手、地主の土地を没収して農民に分配し、革命の実験を進めた。中国共産党の正史ではこの井崗山から中国革命が始まったとされている。

註17 岡田文吉（1901－1966）：1929年プロ科設立時書記局。共青運動で検挙のち渡満。太平洋戦争勃発前の41年ふたたびに中国へ渡り、毛沢東の根拠地延安に赴き、日本共産党の獄中指導部の徳田球一、国領伍一郎らの指示をうけ野坂参三に連絡。野坂と共に日本人反戦同盟員として活動した。45年12月帰国。レッドパージ後、党財政部長や中央海争部最高責任者として人民艦隊を指揮したとされる。墓は、多磨霊園の徳田球一と同じ墓所内にある。

註18 ぬやま・ひろし（1903－1976）：本名は西沢隆二。徳田球一の女婿。1926年中野重治らと「驢馬」を創刊。詩集に『編笠』。30年に日本プロレタリア作家同盟（ナルプ）書記長。昭和31年共産党に入党。34年治安維持法違反で6年満期後も予防拘禁で11年獄中で非転向を貫いた。戦後、徳田球一が「ダンス至上主義」といわれるほど社交ダンスを運動のなかにもちこんだのは、ぬやまの主唱による。レッドパージ後に徳田ら所感派が中華人民共和国に渡って北京機関を組織したときにはぬやまもその一員となった。ぬやまは宮本顕治らの国際派への妥協を唱えて徳田と対立。日本共産党の路線対立に際し、1966年中国派として

安斎庫治らとともに除名、日本共産党（左派）に参加。

註19　国領伍一郎（1902－1943）：日本共産党中央委員。1928年、治安維持法違反で検挙、懲役15年の判決を受ける。43年3月獄中で死去。

註20　杉浦啓一（1897－1942）：1912年上京し、鉄工所で働き、社会運動に関心を抱く。1921年赤労会を作り、22年共産党に入党するが、23年検挙され禁錮10カ月に処せられる。出獄後も共産党運動を続け、28年の三・一五事件で検挙され懲役8年に処せられたが、獄中転向で38年仮出獄した。

註21　六全協：日本共産党 第6回全国協議会。1955年7月27日～29日に開催。中国革命に影響を受けた「農村から都市を包囲する」という武装闘争方針の放棄を決議した会議。

註22　楊正：手を尽くして調査したが、経歴・人物等確認できなかった。

註23　工藤晃（1926－）：1976年の衆院選に東京7区から出馬し初当選。以後90年に落選するまで衆議院議員を4期務めた。議員引退後は、日本共産党中央委員会付属社会科学研究所で主に経済研究に従事した。

註24　北京機関：1950年、書記長の徳田球一や野坂参三ら日本共産党の一部幹部が、中国に渡航してつくった機関。ソ連や中国の資金援助を受けて、武装蜂起式の日本革命を指導した。現在、日本共産党は北京機関について、「徳田、野坂は、党を破壊し、北京に亡命して勝手につくった『北京機関』を党の指導機関と称して、ソ連・中国じこみの方針を日本に持ち込んだのです。『徳田・野坂分派』の行動は、党の決定に根本的にそむいたもので、日本共産党の大会や中央委員会とはなんの関係もありません。」（不破哲三「日本共産党の歴史と綱領を語る」2000年7月20日、日本共産党創立78周年記念講演）としている。

註25　林彪（1907－1971）：文化大革命で失脚した劉少奇国家主席に代わって毛沢東党主席の後継者に指名されるが、政争に敗れてソビエト連邦に亡命する途上、モンゴル人民共和国において搭乗機が墜落し、死

亡した。

註26　朱徳（1886―1976）：中国共産党入党以来、軍事部門を指導し、中国人民解放軍の「建軍の父」と評される。

註27　周恩来（1898―1976）：中華人民共和国が建国された1949年10月1日以来、死去するまで一貫して政務院総理・国務院総理（首相）を務めた。毛沢東共産党主席の信任を繋ぎとめ、文化大革命中も失脚しなかったことなどから「不倒翁」（起き上がり小法師）の異名がある。

註28　江青（1914―1991）：毛沢東の4番目の妻。女優。山東省出身。文化大革命を主導し、文革末期には王洪文・張春橋・姚文元と「四人組」を形成し勢力を持つも毛沢東の没後、逮捕され死刑判決を受け無期懲役に減刑ののち、病気治療仮釈放中に自殺した。

註29　原田長司：元日本共産党委員。日本共産党から除名された福田正義らが、1966年に結成した毛沢東主義の日本共産党山口県委員会（左派）に加わる。68年に離脱し日本労働者党を結党した。

註30　張聞天（1900―1976）：1921年カリフォルニア大学に留学し、25年中国共産党に入党。27年モスクワの孫逸仙大学に留学。30年帰国して李立三路線に反対し、共産党中央農民部長、宣伝部長を歴任した。35年遵義会議で総書記に選ばれた。39年共産党中央委員会書記局第一書記を経て、45年七全大会で中央委員、政治局委員となったが59年盧山会議で右傾分子として批判された。さらに文化大革命時期に反党分子として再批判され監禁された。

註31　彭真（1902―1997）：師範学校卒業後、若くして学生運動、労働運動を指導、23歳で中国共産党に入党した。抗日戦争中は劉少奇のもとで党中央北方局書記として活動、1945年、共産党第七回大会で中央委員に選出され、東北の解放戦争を指導、中華人民共和国成立とともに中央人民政府委員、政治法律委員

会副主席に任じ、51年北京市長、56年同市党委員会第一書記となった。56年の党第八回大会では中共政治局委員、同書記処書記に任じられて、政治の中枢の地位についた。文化大革命が始まると、いわゆる「三家村」グループの黒幕ということで、真っ先に批判を浴び、66年6月、北京市党委員会改組とともに北京市長を解任され、中央におけるすべての地位を失った。

註32 陸定一（1907—1996）：1924年、中国共産党に入党。上海の交通大学卒業後、旧ソ連とアメリカに留学。1945年党中央委員、党中央宣伝部長。46年党南京弁事処主任。新中国成立とともに、宣伝部長兼任のまま政務院文化教育委員会副主任、人民代表大会常務委員。59年国務院副総理、65年文化部長を兼任、文芸・教育部門の最高指導者となる。文化大革命中はすべての職務を解任されたが、のち名誉回復、82年中央顧問委員会常務委員に選ばれた。

註33 羅瑞卿（1906—1978）：人民解放軍大将。毛沢東の腹心だったが1965年文化大革命で失脚。文化大革命終了後に名誉回復するが直後の78年に死去。

註34 楊尚昆（1907—1998）：中国の軍人・政治家。四川省出身。1926年共産党に入党し、抗日ゲリラ戦争を指導、解放後も党中央の要職を歴任し、81年中央軍事委員会秘書長となった。解放軍100万人削減を実現し、88年には国家主席となった。

註35 姚文元（1931—2005）：1948年に中国共産党に入党。65年には文化大革命の契機となる論文〈新編歴史劇『海瑞罷官』を評す〉を発表し、66年から69年まで中央文化革命小組のメンバー、次いで同年に中央政治局員となって文化大革命を主導した。

註36 張春橋（1917—2995）：1936年上海文芸家協会員。43年中国共産党解放区で宣伝活動。54年上海『解放日報』社長。66年上海党第一書記、党中央文革副小組長。67年造反派の王洪文らといわゆる上海コ

ミューンを樹立、上海革命委員会主任。69年政治局員。73年政治局常務委員。75年副首相、軍総政治部主任。76年10月「四人組」の一人として逮捕。81年死刑判決。83年無期懲役、97年懲役18年に減刑。

註37　李初梨（1900―1994）：中国の文芸評論家。日本に留学。東京大学文学部卒業後、帰国して創造社に入り、馮乃超らと後期創造社の中心となった。『革命文学建設の方法』（1928）などの論文を発表して、プロレタリア文学運動で活躍、抗日戦争中は共産党地区で工作に従事、中華人民共和国成立後は華僑事務委員会などにあった。78年中国人民政治協商会議全国委員会常務委員。

註38　劉少奇（1898―1969）：モスクワ留学後、1921年に中国共産党に入党。以後、労働運動を主に革命運動を指導。中華人民共和国成立後、国家副主席、59年には国家主席。文化大革命で批判されて党籍を剝奪されたが、80年に名誉回復。

註39　鄧小平（1904―1997）：長征・抗日戦に参加。1956年政治局常務委員・総書記。文革と76年の天安門事件で二度失脚するが、77年復活。83年国家中央軍事委員会主席。以後、中国の事実上の最高指導者として、開放政策をすすめた。

註40　秋岡家栄（1925―）：元朝日新聞社北京支局長、朝日中国文化学院創設者兼初代院長、日中友好99人委員会創設者兼総代表。中国の文化大革命期に中国政府から国外退去を命じられずに中国に残った9人の外国人記者のうち、ただ1人の日本人記者である。

註41　敵対的矛盾：毛沢東の『矛盾論』の言葉。人民内部にある非敵対的矛盾に対して、階級対立のように和解できない矛盾のこと。

註42　五十一年綱領：革命路線についてコミンフォルムから批判を受け、1951年10月の第五回全国協議会において、「日本の解放と民主的変革を、平和の手段によって達成しうると考えるのはまちがいである」とする

「五十一年綱領」と、「われわれは、武装の準備と行動を開始しなければならない」とする「軍事方針」を決定した。そして、この方針に基づいて、全国的に襲撃事件等の暴力的破壊活動を繰り広げた。しかし、こうした武装闘争は、国民から非難されるところとなり、52年10月の衆院選では、党候補は全員落選した。

註43　山村工作隊：1950年代前半、「日本共産党臨時中央指導部」（「所感派」がつくった非合法の集団）の指揮のもとに武装闘争を志向した非公然組織。毛沢東の中国共産党が農村を拠点としているのにならったもの。

註44　自由日本放送：1950年代前半に武装闘争路線をとり中国に亡命していた日本共産党〈所感派〉の北京機関が指導し北京に設けた地下放送局。伊藤律が「自由日本放送」と命名。

註45　中核自衛隊：日本共産党第5回全国協議会での「五十一年綱領」で明記された日本共産党の武装革命を実現するための軍事組織の名称。

第五章　中国と日本の党

安斎：中国の態度についても僕は一言言っておかんとならんと思うんですがね、中国はね、日本の綱領を作ろうという気が毛頭なかったんです。「それはあなた方が作ってください」。だからね、徳田さんは綱領を作ろうとしたんだけど、北京では話が実らなかったんです。それでモスクワへ行ったんですよ。

竹中：徳田さん自身が持って行かれたんですか。

安斎：徳田さんは徳田手入れっていうやつを前に作ってましたからね。それに基づいて彼はモスクワへ行ったわけです。

竹中：徳田さん自身が行かれたんですか。

安斎：ええ、行ったんです。徳田とぬやまと野坂が行ったんです。それから同時にモスクワに行くときには袴田(註1)も行ったんです。ところが袴田とは当時顔も合わせんのですよね。特別列車で行ったんだけれどね。

竹中：徳田さんが。

安斎：うん。

竹中：非常に好き嫌いの激しい人ですね。

安斎：ついに袴田とはね、物を言わなかったですよ。大体ね、袴田というのは、昔は徳田さんの家に起居してたんです。戦前も、戦後も。袴田がクートヴェ（註2）に行くのはおそらく徳田さんの推薦じゃないかな。だから袴田は徳田とは非常に仲が良かったわけですよ、そういう意味では。

竹中：逆にこう、愛憎というのは裏返しですからね、一遍ひっくり返るとやっぱり大変なんですね。

安斎：だけどね、袴田は統制委員だったでしょう。伊藤律の文章が警視庁から梨木という弁護士が取って持ってきたときに、彼は伊藤律を査問しようとするんですよ。

竹中：北京ででしょ。

安斎：いや、北京じゃなくて東京で。終戦直後。そしたらね、それが徳田さんの耳に入ると、彼は統制委員会外されて、それで北陸地方の議長をされてたんです。それで伊藤律のことをとやかく言うというんで、彼には伊藤律と仲のいい小松雄一郎（註3）を彼の直接の下に張り付けるんです。それで彼の一言一句をみんな伊藤律に報告するシステムを作っちゃうわけです。

竹中：だから、あのときに安斎先生がやったということは、やっぱり相当逆鱗に触れたんですね。

安斎：逆鱗に触れたですよ。真正面からやったから。

竹中：つまり袴田と同じことですよね。

安斎：それは、僕が最初にどういう嫌疑をかけられたかっていうと、国際派と連絡をとってるというんです。調べたんです、一生懸命。

竹中：はあ。北京にいて、その後。

安斎：ええ。僕が手紙何回出したとか。手紙、僕は一回も出してないですよ。だから、国際派との結びつきというのは証明できないわけだ。だから今度はスパイにしようとしたんだ。

だから僕はそのときなんでもしてくれと思いましたよ。まあ、ある意味じゃ居直っちゃったわけですが。そしたらこれも、スパイだというような証拠を彼らはつかむことができないから、まあ、飼い殺しみたいな状態に置かれましたよ。

竹中：お差し支えなければ、いわゆる北京機関の、主にどんなお仕事されてました。

安斎：僕はやっぱり調査です。

竹中：日本調査ですね。

安斎：ああ。

竹中：日本の文献なんか送ってくるやつをどんどん読むわけですね。

安斎：ええ、そうです。そのときに私の部屋にいた横川次郎さんとか鈴木重蔵（註4）さんだとか。

竹中：ああ、北京大学に通った人ですね。

安斎：うん。あの人は河上肇さんの婿さんでね。そういう人たちに協力してもらって、そして日本の。

竹中：だけど横川さんがいらっしゃるのはその後でしょう。五十何年ですよね。

安斎：いや、そうじゃない。統一戦線部にいたときに、私が李初梨に頼むんですよ。

竹中：だから先に安斎先生がいらして、横川さんを東北から呼ばれる。呼ばれるのが五十一年か二年ですよ。

安斎：ああ、五十二年かな。何しろ、後のはずですよ。なんかわからないけど組織部から呼ばれたんですよ、横川さんは。本当に何のことかわからなかったけど。

僕が頼んだんですよ、李初梨に。おれ一人一人じゃたまらんと。東北には横川さんのような方もおられるじゃないかと。

竹中：満鉄ですからね。

安斎：それから「西田精一もいるじゃないか。この二人呼んでくれんか」と言って頼んだんですよ。それで李初梨さんが手を尽くしてくれて、二人呼んでくれたわけです。それでどうやら日本問題の研究について、ある程度の私たち日本人側のスタッフが揃ったわけですね。

竹中：そうですね、一人でやられるというのは。

安斎：とてもじゃない。

竹中：じゃ、北京機関が来てもずーっとその仕事をされるわけですね。統一戦線部のお仕事を。

安斎：ええ、これは中国の党の機関としてやったんですね、一年ばかりは。だから北京機関が正式に成立すると今度は私たちは北京機関のメンバーになって、中国の機関とは切れるわけです。

竹中：じゃ、例えば放送に送る原稿を作るとか、そういうことになるわけですね。

安斎：うん。そういう、今の連絡部があるところですよ。最初は四つぐらい孤立した建物がありましてね、そこに分かれて。木犀地（もくせいち＝ムーシーディー＝北京西方に地下鉄一号線駅あり）ですね。橋渡ったところのすぐそば。

橋渡ったところは後で建ったんです。最初はこっちの離れたところに四つばかりの建物があって、そこに分かれて住んでいた。

竹中：今、科学院になってるほうじゃないですか。

安斎：いや、今もやっぱり連絡部ですね。もう建物は並びましたけど、昔は四つ野っぱらに孤立した建物がありましてね、そこで分かれて。そのうちに今度は橋のそばの、あっちのほうに二階建てだったかな、三階建てだったかな、の建物ができて。

竹中：それが今のやつですか。

安斎：ええ。そこへ移りました。

竹中：それじゃ今、放送局の局長の張香山さんが住んでるほうの家ですね。裏の奥のほうでしょう。

安斎：裏の奥のほうに野坂だとかね。

竹中：上等な宿舎ですよね。天井が高くて入り口もちゃんと階段があって、なんか。広い家だな、あれ。

安斎：ほう。今どうなってるかな。僕らのときは一つ働く者の建物がありましてね、その前に辨公室（事務）があってね、その前に野坂だとかぬやまだとか指導者たちが住む建物があってね、こっちのほうに食堂があるというような建物の配置。

竹中：そこで結局五十五年まで、日本文献のいわゆる分析ですね。

安斎：うん。

竹中：だいぶ原稿書かれましたでしょう。

安斎：いやあ、あんまり書かなかったなあ。

竹中：書かれたかどうかっていうのは、その影響の問題ですよ。放送で流されてるわけだから、責任をとってもらわないと（笑）。

安斎：あんまりそういうふうなことは、やっぱり、律が彼独特のあれでやりましたよ。僕らの書いたものなんかあんまり役に立たんという感じでね。

竹中：自分で書いてたんですか、伊藤さんは。

安斎：絶対の権限を持ってましたからね。

竹中：その点で、そういう才覚はやはりあるわけですね。どんどんどんどん、いわゆるプロパガンダ的なものを作り出していくというか。

安斎：あるんですね。それから、律が蹴落とされてからは野坂とぬやまが主導権を握ったのさ。そうやって六全協を迎えるにあたってまた日本から河田賢治（註5）と紺野与次郎（註6）と宮本太郎（註7）と、そういうのが来るんですよ。

そして六全協が、とにかくあのままじゃどうにもならんということになって、彼らと一緒に野坂、ぬやまがモスクワにまた行くんです。今度そこで袴田と顔を合わせる。最初は袴田は通訳みたいに使うつもりでいたけど、彼の批判が鋭いもんだから、とうとう彼も六全協の決議を作る委員の一人に選んだんですよ。それで大体六全協ができて、それを日本に送って。

竹中：六全協というのはモスクワで作られたんですか。

安斎：そうです。

竹中：はあ、しかしすごいもんだなあ。五十一年に作って、六全協を全部作っちゃうわけですね。しかしその点、中国はやっぱり偉いもんですね。

安斎：断ったんです。だからね、中国の人たちは僕に言いましたよ。「こういうものは日本人の知恵と経験を吸収して作るべきだ。そして日本の共産主義者の意見で作るべきだ。外部の者から聞くべきじゃない。中国はそれでえらいひどい目にあったんだ。李立三（註8）とか王明の線というのはみんなモスクワのせいなんだ。毛沢東がなんで教条主義反対ということを言ったか」と。

竹中：そこは重要なところですね。

安斎：これはね、「外国の人たちは日本のこと知らんのだ。俺たちも日本のことは知らん。だからこれはあなた方で作るべきだ」と。李初梨が俺にそう言ったんだから、間違いないですよ。

竹中：それはだけどすごく重要なことですね。やっぱり今までのあれっていうのはなんか、北京機関が中国にあればそこの影響のもとで全部やられてるように一般的には考えられますもんね。誰が考えてもそうですよね。

安斎：だからね、そこら辺ははっきり訂正せにゃいかんですよ。

竹中：そうですね。その辺の問題は、ぜひなんか公にしてくださいよ。非常に重要なことですよね。やっぱり党と党との関係の中できちんとしておくべきところは。

安斎：僕はそういう意味じゃね、中国共産党が干渉したなんて思ってないんですよ。「あなた方はどうか立派な党を作ってください」と。「その党を作るための根本的なやつは、あなた方は日本人民と深く深く結びつくべきだ。彼らの知恵と経験とを党員を通じて摂取すべきだ。その上に綱領を作りなさい」。これが彼らの一貫した主張ですよ。少なくとも僕に対して言ったのはそうです。ある意味では、そういう意味で援助してるわけですからね。その場を与えて放送を流し。

竹中：しかしそれはあくまでも日本人の手でやるということなんですよね。

安斎：ええ。

竹中：やってるわけですからね、全部日本人が自分の意思でやって出してるわけですからね。

安斎：それはね、ああいう極左冒険主義に対して李初梨なんて反対ですよ。袴田里見もそれについては反対してた。

竹中：六全協の作られるソ連でのあれはどういう。

安斎：それは僕らにはわからんのさ。

竹中：でもメンバーとしてはそれは行ったわけですね。

安斎：うん、それだけ行ったんです。

竹中：袴田さんも入ったわけですね。

安斎：入ったわけ。袴田はその前から、香港から北京に来たときから、その萌芽があったわけですよ、極左冒険的な。これには反対してたわけです。

竹中：ああ。だけど、五十一年に列車で行ったときには袴田さんは同じ特別列車で行ったわけですね。で、そのまま残って。

安斎：行ったんですよ。それで、彼は結核になってた。血を吐いてましてね。だから北京のときもね、私見舞いに行こうということを李初梨さんに頼んだんですよ。そしたら「あんたは行かんほうがいい。そうでなくてもあんたは徳田のご機嫌を損じてるから、あんなとこへ顔を出したらもうどうにもならなくなる。だから絶対行かんほうがいい」と言ってね、見舞いも行かなかったです。

竹中：その点、李初梨さんは非常によく知ってるわけですね、人間関係。やっぱりその辺をつかんでおかないと工作できないから。

安斎：あの人自身がね、徳田に毛嫌いされた。

竹中：でも本当に李初梨さんとは長い付き合いなんですね。やっぱりあのとき本当にうれしかったんでしょうね。

安斎：いやあ、それはね。あの人なんかの温かい配慮というのはね。だから僕は口を寡にして物を言わないでしょ。あんまり日本のことを言いたくないと思うよ。

でもあのとき、何回も僕に繰り返されてましたけど、毛沢東のピー（批判）ですね、あれは本当にうれしかったみたいですよ。僕が帰る前に三回言われまして。やっぱり本当にあれ恐ろしかったわけです。朝っぱらから襲われて、布団を引っ剥がされてめちゃくちゃにやられるわけですから。それがぱたっと止まったわけですからね。そのまま行けば病気中で殺されたかもしれないって言ってました。

その他、毛沢東はやっぱり日本に「反米愛国」というスローガンを押し付けたのは正しくないと。これは六十四年に聴濤が北京に行ったとき、北京で毛さんから吹き込まれてきた。それで帰ってきて何やったかというと、反米愛国のスローガンのもとに春闘をぶっ潰してしまったんです。

俺は聴濤と友達でしたからね、「聴濤さん、間違いだよそれ。日本の労働者階級が直接の搾取者である独占資本と闘うのは理に合ってるんだ。これはどんな形にしろわれわれは支持すべきだ」と。「反米向いてない」というから、「ああ、向いてないのなんて当たり前だ。労働者は直接アメリカ帝国主義から搾取されたり抑圧されてるわけじゃないんだから」。

竹中：三つの世界観（註9）と同じことになってくるわけですね。

安斎：ええ、そうなんですよ。だからね、「そういうので潰すというのは正しくない。とにかく挑発の危険があるなら挑発の危険があるよと言いながらストライキを成功するように持って行くべきだ」と。いや、彼は聞かんです。「俺は反米愛国に政治生命をかける」と。それでああいうことになった。それで宮本にやられちゃった。

これはね、僕はその後中国へ行ったときに「反米愛国は間違いだ」と言った。これは相手にしたのは張香山（註10）です。「あれは間違いでない」というんです。「レーニンもこう言ってるから」。「何言ってるんだ。そんなもの、俺はみんな読んだ」と。「中国が反米愛国を言うのは正しい。なぜなら、中国のプロレタリアートが、権力を取ってプロレタリアートの独裁を立てたと、レーニンもそう言ってる。一九一七年十月二十五日以後、俺たちは祖国擁護論者になったと、こう言ってる。それと同じように、権力を取った中国は反米であり愛国であるということについては俺たちは賛成だ」と。「だけど日本は違うじゃないか。日本の権力を握ってるのは誰だ。アメリカ帝国主義と軍事同盟を結んでるところの独占資本じゃないか。この国を俺たちがどうして愛することができるか」。六十四年にそういうことを言っただけでなく、六十八年から六十九年に北京人民日報でじゃんじゃん言ったんです。

竹中：それがずーっと、だけど分裂以後までつながってくるわけでしょ、しかし。いわゆる分裂以後というのは、日共左派（註11）が生まれてからも一貫してそれを通していくわけですからね。

安斎：ええ。それで日本にはそれに応じて、大隈鉄二（註12）くんたちの「反米愛国の旗のもとに」という、新聞の上に書いてある。で、僕らの団結を求めてる。だから、団結は尊重すると。だけどこのスローガンは俺たちは反対だと。このスローガンで彼らとの団結はご破算になったんです。

竹中：山口委員会はいまだに掲げてるじゃないですか。ここから始まってくるんですね、この辺から。

安斎：それからね、もう一つは、この林彪の思想というやつは、三つの世界の理論に僕は入ってると思いますよ。第三世界が世界革命の主力軍であると。あれは林彪の、アジア、アフリカ、ラテンアメリカの第三世界が革命の主力軍である。ところがマルクスやレーニンはそう言ってないんです。「資本主義社会で最も革命的なやつはプロレタリアートだ」と言ってるんですよ。この労働者階級に依拠するという思想があそこには効いてるんです。三つの世界の理論もそうなんです。

だから三つの世界の理論の区分ができたとき、「こんなのわけわからん」と言ったんですから。疑問を十四ばかり突きつけて、と言って向こうへ質問書を突きつけたんですよ。来いっていうから言ったの。説明してくれた。

竹中：あれはこの前に訪中されたとき。

安斎：一九七八年ですよ。しかも華国鋒（註13）は、「これがプロレタリアートの世界戦略だ」と。「冗談じゃない」と言ったんです。「大体、毛さんという人は世界戦略を作ろうとする人じゃないじゃないか。なぜなら毛さん自身の言葉の中にわれわれの指導するのはここ中華人民共和国だけだと言ってるじゃないか。その毛さんがどうして世界戦略を作るか。作ったの見せてくれ」と言ったら、「ない」と言うんです。「ない。だけどいろいろな言葉をつなぎ合わせるとなる」と言うんですよ。

竹中：それはまた怪しい（笑）

安斎：僕は、世界戦略は毛さん作る人じゃないと。もし作ろうとするなら、世界の革命勢力の意見を聞いてますよ、あの人は。これが大衆路線です。一人で世界戦略を作るなんていうようなことをやる人じゃ、僕はないと思う。

これもなかなかけりがつかないわけだ。これで今度は山口左派と分裂するんです。あいつら、中国の言うことは何でも聞けという。僕は聞けないと。日本の実際に合わなかったら俺たちは聞くわけにいかんと。

そしたら僕が彼らに出した経歴書にこれを利用したり、『満鉄調査月報』に草柳大蔵（註14）が書いたあれを出して僕を裏切り者だと言ってね。僕のあれには、主催する会議には一切出席しないと。出てくれん。
「俺を代表に選んだのはあんたたちじゃないか。俺がなりたいなんて言ったことあるか。俺の経歴に疑問があるんだったら、あんたたちは会議で堂々とやるべきだ」と。出てこない。僕は草柳大蔵から聞いてわかったから、朝日新聞に抗議を書いたんですよ。再調査してくれと。僕は、一九三二年ごろは刑務所におりましたから。ところが僕はそのころ満鉄の上海事務所で中国共産党を研究してたことになってるからね。刑務所に問い合わせてくれと。

竹中：上海事務所にいられたことはないはずですね。

安斎：いない。それから僕は佐野となんか一度も会ったこともないしね、彼の指導を受けたこともない。それで俺は、「そんなことやったなんて君たち書いたけど、現実調べてくれ」と。僕は上海に行くことを禁止されてたんですよ。だから行かなかったです。僕は確かに戦後中国に渡ったけれども、上海には渡ったことはない。

竹中：あれ以来ですよね。日本に送還されて以来、上海の地は踏んでないんですからね。

安斎：ええ、後で踏みました、解放されてから。

竹中：ああ、それはそうでした。

安斎：まあとにかく、くだらんことだけどね。まあ、それは歴史がはっきりするでしょうから、強いて論争には及ばないでしょうけどね。事実というのは解釈じゃないですからね。

竹中：それで五十五年、帰られるわけですね。どういう形で帰ってくるんですか。

安斎：いや、いいですわ。これはもう敵が知ってるから言っても。人民艦隊（註15）に乗って帰りました。私とある偉い人が二人ね。帰ってきて、僕は帰ってきたらすぐ、どうももう俺は中央委員会ばかりで活動しましたからね、ことにこの五年も六年も北京で生活してたから、下におろしてくれって頼んだんです。地区のほうに。

そしたら「そういうわけにいかん」というんです。「本部細胞を固めるということが中央委員会の再建と並んで非常に重要だ。本部で働いてくれ」ということで、僕は本部の細胞書記。あのころは第一書記と言ってました。そういうものになって本部細胞の再建をやる。

竹中：本部細胞の再建というのはどういうことですか。

安斎：機関細胞ですね。中央委員会があるでしょう。中央委員会には組織部だとか宣伝扇動部だとか市民対策部だとか婦人部だとかたくさんあるでしょう。それから赤旗があるわけですよ。そうですね、あのころ二千人ぐらいおったでしょう。

竹中：大変な数字ですね。

安斎：それを細胞として組織するわけ。

竹中：そうすると、共産党の中の例えば機関支部なら機関支部の中に細胞があるわけですか。

安斎：そうです。

竹中：全員党員というわけじゃないわけですか、労働者という形も入ってる？

安斎：いやいや、みんな党員。

竹中：それが本部の総細胞になるわけですね。それをっていうことなわけですね。

安斎：ええ、それをやらされたんです。

竹中：大変なことですね、これは。

安斎：ええ、その他ね、外にも秘密細胞があるわけでしょ。そっちのほうも僕はやらされるしね。

竹中：かなり忙しかったですね。帰ってきてから。

安斎：忙しかったです。それから、どういうわけかな、書記局の議事録をとらされたりね。それから、秘密的な関係の問題ね。あまり公表できないような問題ね。そういう問題は私のほうに指示が回ってきましたね。だから書記局になってからもやっぱりそういう仕事がね、本部での仕事以外にたくさんやらされました。

竹中：そのときは、もう全員北京機関は引き上げてきてるんですか。

安斎：だんだんとね。一歩一歩です。一番最後に引き上げたのは袴田里見でしょう。

竹中：そうすると、それが大体五十六年ぐらいですね。

安斎：五十六年ごろですね。敦賀にみんな引き上げてきて。

竹中：それは、北京機関を解消しようというのはどういうことですか。

安斎：合法的にね。

竹中：非合法政策を転換したということですか。

安斎：ええ。

竹中：これは六全協のあれから出てくるわけですね。

安斎：そうです、そうです。そうするとまたね、とんでもないことが次々、次々起こるんですよ。

竹中：今度は闇から出ますからね。

安斎：ええ。例えばね、椎野悦朗（註16）くんですよ。彼は臨時中央指導部の議長もやりましたしね、その前は統制委員にもあったしね。私は仲良くしたんですよ。労働者出身でね、彼も率直でいいところがあるんですよ。ところが彼ね、六全協を勝手にして中央に帰ってこないんですよ。

それはね、彼にも失敗があったんです。婦人関係がね。だけど、そんなこと構ったことないじゃないかと。誰だってそんなことあるんだからね。

竹中：それで何年ぐらいまでその細胞は続きますか。

安斎：私は結局、七回大会まで細胞書記をやらされましたね。

竹中：そしてその後はどこにおられましたか。

安斎：七回大会から僕は中央委員に選ばれるんです。それから同時に書記局員に選ばれましたからね。だから僕は書記局の仕事でもう忙殺ですね。

竹中：書記局はどこの方面を担当されるんですか。

安斎：大衆運動関係は伊井弥四郎(註17)くんだとか西川くんが担当していましたね。それから宣伝扇動部のほうは鳥取のあれが担当していましたしね。書記局員、最初はあんまり多くいなかったんですね。だから私は。

竹中：じゃ十人に満たないですね。一桁ですね。

安斎：一桁ですね。

竹中：大変なことですね。

安斎：だからその他のことは全部僕のところに来るんですよ。財政なんかもそのころから、私が書記局で財政部長をやりましたしね。それから米原昶(註18)くんが「平和と社会主義」の編集部に行きましたよ。それから僕がその後に出版部をやってね。それから新日本出版社とか、ますます忙しくなりましたね。

註1　袴田里見（1904－1990）：元日本共産党の幹部。戦前の非合法政党（第二次共産党）時代以来の共産党活動家で、戦後は党副委員長となった。1977年、党から規律違反により除名処分を受けた。

註2　クートヴェ：モスクワにコミンテルンが設立したアジアからの留学生の為の東方勤労者共産大学。上級学校は国際レーニン学校。欧米人向けには西方勤労者共産大学。

註3　小松雄一郎（１９０７－１９９６）：ベートーヴェン研究で知られる音楽学者、政治運動家。１９３１年、慶應義塾大学高等部のストライキに参加。その後、日本共産党に入党。32年12月12日、治安維持法により逮捕、投獄された。80年9月に幽閉先の中国から帰国した伊藤律による口述証言の聞き手を務め、その記録はのちに出版された。

註4　鈴木重蔵：河上肇の次女・河上芳子の夫。芳子は津田塾を中退し、叔父である大森ギャング事件の大塚有章と行を共にし逮捕。出所後、蜷川虎三の世話で36年に結婚したのが、東洋経済新報の記者・鈴木重蔵である。鈴木は満鉄調査部に職を得て大連に渡る。夫婦は二児を得たが、芳子は結核のため大連人民病院で死去。

註5　河田賢治（１９０５－１９９５）：日本共産党設立メンバー。１９２８年の三・一五事件にて検挙・投獄、43年に出所。戦後は、郷里の京都で共産党の再建に尽力し、49年の衆院選で京都2区から立候補し初当選、府初の共産党国会議員が誕生する。しかし、51年に公職追放（レッドパージ）となった。

註6　紺野与次郎（１９１０－１９７７）：１９２９年日本共産党（第二次共産党）へ入党。同年モスクワで開かれたプロフィンテルン（赤色労働組合インターナショナル）第五回大会に日本代表として加わる。32年治安維持法違反で検挙・投獄。43年出獄。戦後は、農民運動を主導しながら47年には政治局員に就任するが、50年6月にレッドパージにより公職追放となり、7月に団体等規正令違反で逮捕状が出たことにより地下に潜行。紺野は所感派と行動をともにし、密出国の形で中華人民共和国に渡航。北京機関のメンバーとなった。

註7　宮本太郎（１９１０－２００８）：ジャーナリスト、政治運動家、日本共産党中央委員。戦争中に自分の書いた記事を悔やみ、新聞社の戦争責任をめぐり発生した読売争議では組合幹部として活躍。45年日本共産党

に入党、読売新聞社退社後、47年に同党機関紙『赤旗』編集局入り。『赤旗』編集幹部として、50年に公職追放となる。その後、日本共産党中央委員、広報部長、在ハノイ日本共産党代表などを歴任。

註8　李立三（1899－1967）：1928年六全大会で中央政治局委員、宣伝部長となって党の実権を握り、全国の各中心都市での武装蜂起をただちに組織するという冒険的な計画を主張して都市工作を重視し、30年6月「新たな革命の高まりと一省または数省における首戦勝利」という決議を政治局に採択させた。これがいわゆる李立三路線（あるいは第二次極左路線）である。この都市武装蜂起重視に基づく長沙暴動は大きな犠牲を生み、コミンテルンから極左冒険主義として批判され、31年1月の六期四中全会で陳紹禹、秦邦憲らに党の指導権を奪われた。

註9　三つの世界観：中国共産党の世界構造認識。三つの世界論は、1974年4月に国連資源特別総会に出席した小平副首相（当時）が提起した。それは、世界を米ソ両超大国からなる第一世界、西欧、日本、カナダ、東欧諸国など工業諸国からなる第二世界、アジア、アフリカ、ラテンアメリカおよび中国、北朝鮮、北ベトナムなどからなる第三世界に分け、第三世界を中心に第二世界と連携して米ソ両超大国に対決すべきだという戦略である。

註10　張香山（1914－2009）：1933年に日本へ留学、東京高等師範学校で学んだ。30年代後半に帰国し、共産党に入った。49年の新中国建国後は党の対日工作を担い、日中国交正常化交渉では外務省顧問としてかかわった。党対外連絡部副部長や中国国際交流協会副会長のほか、日中友好21世紀委員会の中国側座長などを歴任した。92年、日本政府から勲一等瑞宝章を贈られた。

註11　日共左派：日本共産党から除名された福田正義らが1969年11月に結成した。親中国系である。「日共左派」、「山口左派」などともいう。日本各地に支部を持つが、主に山口県で活動する。結党時の政治報告に、左翼ナショ

ナリズム色が強い「反米帝・反売国の愛国正義」を掲げる。

註12　大隈鉄二：1967年3月、日本共産党から除名され、日共左派を経由して69年6月、日共革命的左派を結成した。74年、日本労働党結成に参加。議長。

註13　華国鋒（1921－2008）：1937年中国共産党に入党。抗日遊撃戦に参加。中華人民共和国成立後は、国務院の中央政務につき、76年党第一副主席兼首相に昇進。同年毛沢東の死後、党主席と中央軍事委員会主席を兼任。

註14　草柳大蔵（1924－2002）：大宅壮一に師事。『週刊新潮』『女性自身』の創刊にくわわり、集団執筆によるトップ記事をつくる。雑誌連載の「山河に芸術ありて」「現代王国論」以降、評論家として人物論、組織論、女性論を手がけた。著作に『実録 満鉄調査部』がある。

註15　人民艦隊：1950年代に武装闘争路線をとっていた日本共産党が編成した密航船群。58年3月22日、警視庁が日本共産党幹部の中国密出国帮助の容疑で漁船の船長らを逮捕。新聞報道で「人民艦隊」の名が使われた。さらに、共産党中央委員の岡田文吉らが逮捕され、岡田が人民艦隊の責任者とされた。58年4月14日付朝日新聞記事「日共人民艦隊の全容分かる」によれば、人民艦隊は約三十トン前後の漁船13隻で編成されていた。人民艦隊で中国に密入出国したのは数千人にのぼるとされる（人民艦隊事件）。安斎も密出入国容疑で任意聴取を受けたが黙秘を貫徹した。この事件で人民艦隊は壊滅し、中国への密出国者は58年7月14日引揚船白山丸で集団帰国し54人が逮捕された（白山丸事件）。

註16　椎野悦朗（1911－1993）：筑豊各地の労働争議を指導。1922年逮捕され懲役5年。32年共産党に入党。戦後、党再建につくし、50年統制委員会議長。GHQによる党中央委員の追放後、臨時中央指導部議長として非公然活動を指導。58年党を除名された。

註17　伊井弥四郎（１９０５—１９７１）：戦後、国鉄労組の結成に参加。１９４６年全官公労共闘委員会議長となり、47年二・一ゼネストを準備したが占領軍（ＧＨＱ）の命令で決行直前に中止となった。58年共産党中央委員。

註18　米原昶（１９９２—１９８２）：左翼運動のため一高を退学処分となる。労働運動や反戦活動にたずさわり１９４５年共産党に入党し49年衆議院議員（当選３回）。『赤旗』編集局長、党幹部会委員をつとめた。

第二部　対談再録

新春座談会

日本共産主義運動の教訓に学ぶ

不屈の五十年、かく闘う宮本修正主義に代る党を
——安斎庫治氏を囲んで——

安斎：わたくしに話をしろということですが、その前に今日、皆さんが日本の共産主義運動について学ばれようとしておられることに、私は心から敬意をはらいたいと思います。
　紅旗の皆さんと私達は、この間腕を組んで、マルクス・レーニン主義と日本の生きた労働運動を結びつけるために、力を合わせて闘ってきましたし、幾度か、党の政治路線や政策についても真剣な意見の交換をしてきました。このなかで、私達は、紅旗の人たちが、日本の労働者階級としっかり結びついて労働者階級の歴史的使命を達成するために闘っておられることと、その闘いの中で真剣にマルクス・レーニン主義の革命的理論を学びとろうとしておられることを知り、心から敬服していますし、その敬服がだんだん深まってきていることを、この際ここで、はっきり申しあげておきます。

正直にいって、私達の仲間にはいままでブントの人達に対して「あれはトロツキスト」だといった誤った考えがありました。たしかにブントの人達のなかには、多少トロツキズムにおかされている人達もおられるかもしれません。しかし、この間のおつきあいで、紅旗の人達は、いわれるような「トロツキスト」ではない。われわれと同じように、マルクス・レーニン主義を指導思想とされている、きわめてまじめな、尊敬できる政治潮流であることを、わたくし達はだんだん確信するようになりました。それで私は、今日喜んで、この座談会に出席させていただいているわけです。

――まず、最初に、安斎代表の革命家としての闘いの歴史について自己紹介を願いたいのですが。

安斎：正直に言って、私には、人の前で「革命家としての自分の歴史について」お話しするような歴史をもっておりません、私が七十五歳になっても、まだ若い人達と一緒になって活動しているのは、なんとしてでも、私達の先輩、渡政や国領、山縣や市川、徳田などの遺志をついで、日本にもう一度、プロレタリア階級の歴史的事業を達成するのに役立つ革命党を作りたい。現に日本には宮本一味に抗して闘っている紅旗その他のような人々がたくさんいるでしょう。私も皆さんと一緒にさいごまで一兵卒として闘いぬきたい。ただそれだけです。

私は戦前は共産主義青年同盟、戦後初めて共産党に入りました。私は一九〇五年、福島県の農民の子として生まれて、小学校を出るとすぐ満鉄に入りました。ぼくは今でもそうなんですけど、くそ真面目なんで、一生懸命働きました。そしたら会社がお前学校へ行けというんで、私は上海の東亜同文書院という学校へ入りました。ここは非常によい環境がありまして、一つは、その当時上海に朝日新聞の記者として尾崎秀実という人がおられて、この人に教えを受ける機会を得たわけです。この方はコミンテルンの仕事をしておられて、一九四一年に尾崎、ゾルゲ事件でスパイとして殺されました。もう一つ私が非常に幸福であったのは、中国の共産主義者からおしえを受けたことです。

こうして、私は一九三〇年、中国共産主義青年団に入りました。当時北伐の闘いが進められていたのですが、その北伐の闘いを通じて中国人民とそれを導く中国共産党の影響の下に、私の世界観は変わったのです。

翌年、逮捕されて、中国から退去命令がでて、長崎に送還されたのです。それで、日本の共産主義青年同盟に入りました。当時、コミンテルンの下で、共産党も青年同盟も国際組織で、それぞれ中国支部、日本の支部となっていたので、私は無条件に日本支部の一員となった訳です……。

戦後、日本共産党では、最初は調査部という部門で働き、労働部会の責任者に、ついで、副部長にされ、さらに組織部や宣伝教育部などでも働かしてもらいました。そして第七回大会から第九回大会まではずっと中央委員のはしくれにえらばれ、その間、ずっと書記局員として活動してきました。

だから私は、誤りをおかしつづけたにしろ、革命的であった日本共産党が、宮本らによって修正主義の党、背教と裏切りの党に変質させられたことに、大きな責任を感じています。宮本らについては六全協後の一九五六年七月の七中総いらい「おかしいぞ」と感じていました。しかし、その頃宮本らに公然と叛乱しませんでした。それは「プロレタリア階級の党は一つでなくてはならない」と考えていたからです。それにその頃は宮本や野坂らもマルクス・レーニン主義の革命的原則を堅持している中国共産党と友好的な関係をたもっていたので、マルクス・レーニン主義にたちもどる可能性があるような幻想もいだいていたということができます。

この点、私は、一九五八年頃すでにはっきりと宮本一味の本質を見きわめられていたブントの人達に、今では敬意をはらっています。私が、宮本、野坂らに対する幻想をはっきり捨てたのは、一九六六年です。それで私は、この年の暮れに「日本共産党綱領批判」という意見書を野坂に提出し、六七年の初めに日共から名誉の除名を受けたわけです。

六七年以後、私は、宮本修正主義に叛乱していた人々と協力して、新しい革命党を作るために努力しながら、マルクス・レーニン主義の革命的学説の一つ「暴力革命は不可避である」

ことを明らかにするために「宮本一味の平和革命論は投降者の理論である」という論文を発表したり、「宮本一味はプロレタリアートの革命的独裁を否認する裏切り者である」ことを明らかにする論文などを発表したりして、宮本修正主義に対する理論的批判をつよめようと努力していました。

ところが、ここで私がおもい知らされたことは、宮本修正主義に叛乱した人々の中に、宮本修正主義の影響がじつに濃厚にのこっていたということです。その生きた証拠が、山口左派を中心にして結成された日本共産党左派です。かれらは、宮本修正主義に叛乱しながら、おどろくことに宮本修正主義の六一年綱領を支持していました。その誤りを指摘すると「六一年綱領の三原則さえあれば、党建設にも、大衆闘争にもことかかない」とカミついてきただけではなく、意見を言うものを監禁したり、つるしあげたりスパイの汚名をきせて除名したりしました。

私は、その誤りを二年間以上もおだやかに指摘し続けてきましたがとても「なおせるものでない」と思ったので、彼らとは一九六九年三月に訣別しました。

その後は、山口左派から除名されたり、訣別した潮流と力を合わせて、また「新しい革命党を作る三者協議会」という組織を作って二年間ばかり協力したのですが、これもある潮流が「反米愛国」のスローガンをかかげることを主張し「独占資本の一部は人民の友だ」と主張したりするので、私はこれに「軍鶏だ」（しゃも）と言われたほどに反対しましたので、三者協議会もまたついに解散してしまうという事態にいたりました。

ついで私達は一九七四年に原田、岩崎らの指導する「日本共産党（マルクス・レーニン主義）山口県委員会」と協力して「日本共産党（マルクス・レーニン主義）全国委員会」を結成し、政治路線の一致を基礎に一九七八年の第二回大会までともかくも団結して闘ってきました。だが、これも「日本共産党左派臨時指導部」との団結にあたって、日本のような第二世界に属する国、国家と緊密に結びついた独占資本主義の支配する国で「第二世界と連合する」ことができるかどうかをめぐって、相当激しい論争が行われ、昨七九年春、かれらは、わが党から分裂すると宣言したので、余儀なく私達も七九年の七九年の六月に第三回大会を開きかれらの指導者二人を「除名」するという措置をとりました。

司会者もいわれたように、きたるべき八〇年代には「日本の労働者階級が社会主義革命に勝利するために革命の主体的条件を根本的に戦取」しなければなりません。これは、われわれに課せられたもっとも大きな課題です。だが、日本の共産主義運動は、もう五十年以上の歴史を経過しているのですから、路線の一致――思想路線、政治路線、それに組織路線の一致を基礎として団結すべきだとおもっています。だから、私達は、マルクス・レーニン主義、毛沢東思想を基礎として、政治路線としては、現在、国家と結びついている独占資本を主要な敵として、組織路線としては、マルクス・レーニン主義の組織原則と大衆路線、民主集中制を高度の民主を基礎として高度の集中制を作ろうとしているかどうか確かめあって、団結すべきだと思っています。

それに相互に、労働者階級の事業に献身する気構えがあるかどうかも確かめあって、団結すべきではないでしょうか。だから、私達は、トロッキズムを指導思想とする人達とは、いまのところ団結しようと思っていません。

また日本帝国主義、国家と結びついた独占資本を友だとか、それと連合すべきだと主張する人達や民主集中制を平気で踏みにじる人達と分裂したことを、すこしも後悔しておりません。むしろ、この分裂は、より大きな団結の基礎をかためたことになるのではないかとさえ考えております。

革命の先達の遺志を継げ、渡政のように大衆と深く結び、勇敢に闘おう

——貴重なお話をうかがったのですが、具体的問題に入る前に、ズバリ一言で言って、戦前、戦後をつらぬく日本の共産主義運動の革命的な伝統、教訓とは何でしょうか。

安斎：そのことについて……日本の共産主義者は戦後は別として戦前は、実に勇敢に闘った。裏切り者もたくさんでたが、勇敢に闘ったことは誰も否定できない。岩田義道や小林多喜二らは、敵のひどいテロルに虐殺されましたし、彼らと同じように殺された同志は少なくありません。

たとえば渡辺政之輔は、一九二八年台湾の基隆で殺されています。国領吾一郎は、渡政と同じように日本の労働者階級が生み出した素晴らしい人でしたが、彼も堺の刑務所で解放前に獄死しています。同じように市川正一も無期をくってもがんばりぬき、仙台刑務所で獄死しています。徳田球一と志賀義雄は、十八年間も刑務所の中で闘いぬきました。その他、実にたくさんの人が、身を犠牲にして闘いぬきました。私の友人である水野成、白井行幸、新庄憲光、河村好雄などもみな獄死しています。白井などは、結核にかかり、もう助からないとわかったとき、はじめて獄外に出され、その数日後に死んでいます。この事実が示すように、日本の共産主義者は実に勇敢に闘った。これは忘れてはならないことであり、この伝統は、どうしても受け継がなければならないと思います。

だが、共産主義者は、革命をやるという主観的願望や主観的能動性だけではたりません。革命をやるために一番大切なことは、人民と結びつくこと、ことに労働者階級と深く、広く結びつきその信頼をかちとることです。例えば、渡政は総同盟から除名されて評議会を作りました。その時、総同盟に残ったのが約一万五千人位、渡政らについて評議会にきたのが約一万五千人位。あの当時、渡政が除名されたら、その後に、一万五千人もの先進的な労働者がついてきたのですからまったくえらいものです。それから一年位たつと評議会に加盟した労働者は三万人に増えています。

私達がいま、渡政時代の党をというのは、渡政時代のように今、労働者階級に信頼された党を作らねばならぬと思うからです。労働者階級の先進的分子を引きつけられないような党では労働者階級の党などといえないと思います。渡政と渡政時代の党は、こういう意味でわれわれに生きた模範を示してくれています。

それから、三・一五の一斉逮捕で東京市電でだいぶ同志達が逮捕されました。そうしたら、東京市電の労働者が「あれが共産党員なのか、あれが共産党員なら、共産党はいい党にちがいない」という声が職場からあがり、部分的にストやサボが起こったといわれています。これは、立花隆氏が『日本共産党の研究』に書いていることです。こういうすぐれた伝統をどうしても、私達は受け継がなければなりません。

――それでは、日本共産主義運動の欠陥、または教訓はどうでしょうか。

安斎：日本の共産主義運動の致命的欠陥は、大衆と結びつくことに弱かったこと、ことに労働者階級の先進的分子と結びつくことが非常に弱かったことです。これがまず、教訓の一つとして考えてみなければならないことです。

共産主義の勝利を目ざすということでしたら、私達はまずなによりも大衆に結びつかねばならない。毛沢東は「人民、ただ人民のみが世界の歴史をつくる真の原動力だ」と言っていますが、私はこれに「日本のような国では、人民ことに、プロレタリア階級と結びつくこと」が重要だということをつけ加えたいと思っています。戦前日本共産党は、三・一五の時には二千名位の党員を持っていましたし、四・一六の時には一千名位の党員を持っていましたが、これ位の党員では、広範な労働者階級と結びつくことはできなかったと思います。それに、田中、佐野時代には、極左的な誤りをおかし、その後では、労働組合全国協議会に「天皇制打倒」のスローガンを押しつけたりする誤ちをおかしたので、広範な労働者と結びつく可能性を自ら刈りとってしまうという誤ちをおかしました。

現在も、私達は、紅旗派をふくめて、広く深く人民と結びついているとは言えないのでないでしょうか? わたくし達日本共産党（マルクス・レーニン主義）全国委員会も紅旗派の人々も党員の九〇％近くは、労働者の先進的な人々ですが、両方とも「ケシツブ」のように小さい。まだまだ人民、ことに最も革命的なプロレタリア階級と十分に結びついていない。ここにわれわれの決定的な弱さがあると思います。

第二の欠陥、教訓はね、ぼく達はいずれもマルクス・レーニン主義を指導思想とすると言ってきましたが、闘いの中で、まだ十分にそのマルクス・レーニン主義を勉強し、身につけていないことです。レーニンも言っているように「革命的な理論なしに、革命的な行動はありえない」し、「先進的な理論で武装した党のみが先進的役割を果たすことができる」のですが、日本共産主義運動は、戦前にも戦後にもこの面が決定的に弱かったのではないでしょうか。

例えば、戦前、日本では、福本イズムがある時期日本の共産主義運動を風びした時がありますが、皆さんは福本氏の著作を読んだことがありますか？　私も読んだことがありますが、てんでわからなかったというのが本音です。ところが、その福本イズムを徳田さんも含めて当時の指導者達は「日本のレーニンだ」と言ったものです。こういうところに日本の共産主義者のマルクス・レーニン主義に対する勉強のたらなさが集中的に表れていると思います。

この弱さは、また次の点にもはっきりと表れていると思います。共産主義者は、その国の革命を勝利に導く正しい政治路線、政策、方針を作らねばいけないのですが、日本の共産主義者はこのことを立派にやったことがありますか？　ないんですよ。日本の共産主義運動の綱領的文献は、一九二二年のテーゼであり、二七年テーゼですが、これはブハーリンの指導のもとに作られたのであり、三二年テーゼはクーシネンの指導のもとに作られたものです。このテーゼの作成には若干の日本の共産主義者も参加したようですが、基本的にはいずれもコミンテルンのあったモスクワで作ってもらい、それをあがめ奉ってしまったのです。この弱さは戦後にも引き継がれています。

戦後徳田さんが日本共産党の書記長になられた。ぼくはあの人を尊敬しています。十八年間も刑務所の中で闘い続けられたのですから。しかし、果たしてアメリカ帝国主義は徳田さんの言うように解放軍であったでしょうか。このことは戦後の歴史が証明しています。

いったいこういう誤りはどうしておきたのでしょうか？　もしマルクス・レーニン主義を真面目に学んでいたら、そんな考えは絶対に出てこなかったと思います。それから日本共産党は一九五〇年にコミンフォルムから批判されました。その批判にこたえて徳田さんが徳田テーゼを作った。だが、この徳田テーゼに中央委員の人々からいろんな意見が出てきた。

徳田さんはこれに全部×点をつけてしまい、そのうえ徳田さんは地下にもぐって、モスクワに行ってしまった。そしてあの有名な五一年綱領をスターリンの指導の下で作られたのです。ぼくはそれまでスターリンを尊敬していました。しかし、五一年綱領を見てスターリンは日本に対する理解がいい加減だなあと思いました。

例えば五一年綱領には「日本の工業はアメリカ帝国主義にトドメをさされようとしている」と書いています。ぼくはその時、これは現実とまったくちがうと考えました。日本独占資本はアメリカ帝国主義の朝鮮侵略戦争に奉仕することによって、ドルをたんまりとかせいでいるのではないかと。そうしたら、お前は五一年綱領に反抗するつもりなのか、この綱領に反対するものは、党の陣列にはおけないというので、ぼくはそれ以上意見を出しませんでした。これは当時のぼくの弱さです。

日本の歴史は労働者が創る、闘争の中で学び路線政策をみがき優れた幹部となろう

ぼくは、日本の若い共産主義者にお願いしたい。それはまず、大衆と結びつき、大衆と共に闘うこと。その中で大衆から学ぶことです。このことと並んでマルクス・レーニン主義をしっかりと勉強してもらいたいということです。その時々に問題となることがあるはずです。例えば、あなた方がいま私達に問題提起されている日本とソ連社帝との矛盾は民族矛盾ではなく、帝国主義間の矛盾ではないかと。

こういう問題は真面目に研究しなければならないと思います。ところが日本共産党は、こういう意見を真面目に聞き入れないだけでなく、意見を言うものに対して打撃を与える。昔、私が代々木におった時、何か意見を出すと、意見を出したものを理論拘泥主義だと言ってやっつけたものです。いま考えると、一体、われわれは、理論に拘泥しないで、何に拘泥したらよいのかと考えます。このことに表れているように共産党にはひどい理論軽視があったと思

います。

第三には、お経読みがお経を読むように、マルクス・レーニンの著作をいくら読んでもしかたがないということです。私達の任務は、日本革命を勝利に導くことでしょう。そうだとすると、大衆と結びついて、闘う中で、マルクス・レーニン主義を勉強し、日本革命を勝利に導く正しい政治路線、戦術、政策を作らねばならないと思います。党を作るということと正しい路線、政策を作るということは、はなれ難く結びついているのです。ところが日本の共産主義者の中にはそう考えていない人々があります。

第四には、路線を作ったら、棚に上げておくのでなくて、これを実践によって検証することが大切です。その路線にもとづいて労働者と共に闘い、農民と共に闘うことです。この闘いの中でその路線、政策のどこに欠陥があるかを探し、それから労働者、農民をマルクス・レーニン主義で武装させることです。

そうやって闘争の中で、日本の労働者階級の階級意識をとぎすませ、革命路線の下で、かれらに彼らの使命を自覚させる事です。すなわち、こうして一歩一歩革命の主体的な力を作っていくことが重要ではないでしょうか。このことは日本のような国では決定的に重要だと思います。

例えば、総評、同盟、ＪＣこれらを指導している人々はどういう人達ですか。労働貴族でなければ会社派幹部です。会社派幹部や労働貴族が、労働者を欺いているということを労働者自身が理解するようにしなければならないと思います。

第五に、軽視されている党の組織路線というものを、もう一度皆さんと真面目に考えてみる必要があります。

私は、まず第一に中国のいう大衆路線というものを組織方針として、われわれの中にしっかりと定着させなければならないと考えています。この点で、日本の共産主義者は非常に大きな欠陥があるように思います。大体、日本の共産主義者の主だった指導者は、その多くが刑務所で自分を作り上げてきたと言えましょう。十年も十五年も、十八年も刑務所におったということが、党の中で指導権をとる上で最も大きな資本だったように思えます。この人達は、少なくとも十年から十八年も、大衆と結びついて生活し闘ったことがないのです。

ところで、私が中国で革命が成功した原因の一つと思ったのは、中国の指導者達が大衆としっかり結びつくことを真剣にやったからではないかと思いました。党の方針を作る時、あの人達は頭の中で方針を作らないで、大衆の中へ入って大衆の意見を組みあげて作っているのです。大衆の中には、正しい意見と間違った意見がある。中国の党はその正しい意見を集中している。それを、まとまった路線、政策としてまた大衆の中へ返していく。こうしたやり方、あるいは中国での試典工作などに見られるように、あくまで大衆の知恵と経験に依拠する、全党の知恵と経験に依拠する、こうして党の政治路線や政策を作る。これからの党を作る場合も、どうしても大衆路線で作っていかねばならないと思います。これは私達が、中国共産党から学んでいる点です。

また民主集中とあなた方も言っておられる。われわれも言っている。民主集中とは何か？民主を基礎とした集中です。日共は意見を言うものをぶった切るということをやっている。袴田の除名がその一番よい例です。あなた方もそういうことをやったのではないですか。（いや首を切ったのではなくて飛び出すんですよとの声）

安斎：それも同じですよ。これは小ブルジョアのせっかち病ですね。意見の一致をかちとるにはなかなか時間がかかる、またかけた方がよいと思います。だいたい弁証法とはどういうことですか、矛盾する対立物の存在を肯定した理論でありませんか。党だって矛盾の対立物の闘争で発展するのです。異なった意見があるのは当たり前なのです。一枚岩なんて、あれはウソッパチです。ちいっと意見がちがうと首切る、おん出る。これはお互いに直しましょう。こんなことをやっていると、単一の党なんていつまでたってもできませんよ。敵対的矛盾と非敵対矛盾の区別が、日本の共産主義はできなかった。

それから戦前のある時期には日本の共産主義運動は、スパイの手の中で闘っていたと言えます。この問題を真面目に考えましょう。われわれはスパイを見分けるのに上手にならなければなりません。絶対にスパイを防ぐことはできないけれども、被害を少なくすることはで

きます。（この辺のところは、以下非公開とします。――『紅旗』編集部）

最後に、第六になりますが、言っておきたいことは、すぐれた幹部、すぐれた指導者を作らねばならないということです。私達はこれに失敗した。

戦前も戦後も大衆運動の中でできたえられ、しっかりとマルクス・レーニン主義で本当に武装した幹部を作れなかったのです。徳田さんはすぐれた革命家だったと思います。しかし、マルクス・レーニン主義で十分武装した指導者とは言えなかったと思います。徳田さんを除いて、野坂もまずい指導者だった。野坂はマルクス・レーニン主義を勉強できるポジションにいたのです。ところで彼は何を勉強してきたのですか。彼の報告で戦後の第五回大会の宣言ができたのです。この宣言を見てごらんなさい。アメリカ帝国主義の占領下で、民主的に平和的に議会を通じて人民共和国ができると言ったのです。

今なら、皆さんはきっと笑ってうけつけないでしょう。ところがあの当時は、これに意見を言う共産主義者がいなかったのです。私も言わなかった。日本の共産党主義者の中にはマルクス・レーニン主義を真面目に勉強した人がいなかったので修正主義にころっとまいる要素があったのです。

一九五七年と一九六〇年の二度にわたって、国際共産党の会議が開かれ、この会議で宣言と声明が採択され、この二つの文書で、議会を通じて平和的に革命がやれるという決議が通ると、日本共産党は、それをそっくりそのまま鵜呑みにしてしまったのです。これは、日本共産党を修正主義に導く重大な誤りだったと思います。その他、いろんな誤りをおかしてきました。そういう時に、マルクス・レーニン主義と修正主義の区別がつき、きちんと判断のできるすぐれた幹部、すぐれた指導者が日本にはいなかったのです。ですから皆さんと力を合わせて、日本でもレーニンや毛沢東のようなすぐれた幹部、すぐれた指導者を作っていかねばならないと思います。

マルクス・レーニン主義で武装せよ、五十一年綱領は権力規定に誤り、六十一年綱領は背教と投降の宣言

――非常にわかりやすく、六点に戦前、戦後を貫く歴史的教訓をまとめていただいた訳ですが、これからは、参加者の中から、特にわれわれの生きている時代の出発点ともなっている戦後以降にしぼって、質問していただきたいと思います。

――さきほど、戦前の日共のテーゼ、とくに二七テーゼ、三二テーゼがモスクワで作られたと聞いたのですが、戦後の五十一年綱領に関して、あまり明確な歴史的証言がないようです

から、その点の事実関係を聞かせてください。たしか、さきほどのお話ではスターリンの指導の下で作られたということでしたね。

安斎：その辺のところ、最近袴田が書いています。ぼくはモスクワへ行かなかったのでよく知りませんが、五十一年綱領は、モスクワで作られたことは確かです。あれは、主として徳田さんや野坂さんの意見が反映して作られたものと言えます。例えば串刺し論、あれは徳田さんの持論でした。それから農地改革後も日本には封建遺制があるというのも徳田さんの持論でした。五十一年綱領は、天から降ってきたものでした。やっぱり大国主義的なスターリンのお袖にすがって、綱領を作ったと言えましょう。このような綱領の作り方にぼくは反対です。日本革命を勝利に導く路線や政策は、まず日本人民、それから日本の共産主義者に聞いて作るべきです。五十一年綱領ができてから農村地帯では地主を捜して歩きましたし、農村に根拠地を作るような考え方を持っていたのです。その時、ぼくは、山に根拠地を作ろうというのなら日本で一番高い山は富士山だから、富士山に根拠地を作るのかと、こっそり言いました。（笑い）

私は日本の労働者の根拠地はあくまで都市の中に作るべきだと思います。

それから（五十一年綱領は）権力の規定がでたらめでした。革命の根本問題は権力問題だとレーニンは言っていますが、五十一年綱領の規定では、一番上に天皇がいる。その次に、旧反動軍閥、三番目に寄生地主、四番目に独占資本家があげられている。私はその時、ああ、これは古いものの順にお書きになりましたのですか、と聞いたのです。（爆笑）「貴様、またそんなことを言うのか」とつるし上げられました。決して皮肉で言ったんではないのですが。権力を誰が握っているのかということが、革命の根本問題であるにもかかわらずこんな規定になっているのです。ここにマルクス・レーニン主義を勉強していない弱さがはっきり表れていると言えます。要するに、日本の動かすことのできない鉄のような事実から出発して綱領が作られていないのです。あれは一年で破綻をきたしたが「英雄的な闘い」、火炎ビンでとても大きな犠牲を出した闘いがありました。在日朝鮮人の人達がその重要な犠牲者でした。

私達は、鉄砲から政権が生まれることを認めています。だけど、鉄砲をいつでも振り回したらいいんではないと思います。時期と条件があるのです。最も根本的な条件は、日本の労働者階級の圧倒的多数が自ら進んで武器をとろうとする条件です。日本の労働者がそういう気にならないのに、ごく少数のわたくし達だけで浅間山荘などにたてこもって鉄砲を振り回してもどうにもならないのです。

日本の労働者階級が自ら武器をもって立ち上がるため、ぼくらはどうもっていくのか、長期にぼくらには思想、組織活動が必要だと思います。もう一つの条件は、農民が都市の労働者の闘争を支持することが必要です。さらに、もう一つ、重要なことは、敵の武装勢力の中心である自衛隊がグラグラするような、自衛隊の中で闘争しあうような、と同時に、自衛隊の中で最良の部分を私達が握るような、こういう条件を作らねばならないと思います。ところが、こういう考えは日本ではまだはっきり定着していないように思えてなりません。革命的であることはいいことだけど、理論なしで革命的であるのは、まずいと思います。

ぼくは、ブントにもそういう傾向があったんではないかと思います。これからは、われわれはどういう条件で、鉄砲を握るのかを真剣に考えましょう。今一番必要なことは、革命を根本的に準備するための党を作り、革命の主体的条件をしっかりと作ることです。それから、マルクス・レーニン主義の理論と日本の生きた労働運動とを具体的に結合することです。

――日共が六十一年綱領を軸に現代修正主義に転落していく前後の、内部の路線闘争の内容について、現在の考えを聞かせてください。

安斎：これはね、国際共産党や、全世界の共産主義者にも責任を負ってもらわなければならない問題です。

一九五七年と六〇年に「宣言と声明」が出ているんですが、これがフルシチョフの議会の道、平和の道を肯定しているのです。その前に、六全協後の第七回中央委総会で、宮本はソ連共産党二十回大会でのフルシチョフの意見に屈伏してしまい、日本でも、平和時に議会を通じて、革命ができるという路線をひいてしまったのです。これは松村一人さんが暴露していますが、これに当時、日本の共産主義者からは何の反対意見もおきていないのです。われわれが目を開かれたのは、六三年に中国共産党が「国際共産主義運動の総路線についての提案」を発表し、つづいて「九つの論文」を発表してからです。宣言や声明を読んだときに確かに「おかしいなあ」と思ったことは思ったのですが、だけど、中国やトリアッチや、フランスのトレーズなどという国際共産主義運動の輝ける指導者たちが一致して決めたんで、ぼくらは抵抗できなかったのです。

それから宮本も、この修正主義路線をみんなにのみこませることが実に上手だった。その時、宮本は「二つの可能性」という理論を作ったんです。敵が暴力でやる時は人民も暴力でやるのだが、敵が暴力をつかわないで、平和的に人民に対処する時には平和的にやるんだと。だから正直にいうとあの時期にはわれわれは、あの理論に抵抗できなかったのです。ただ、宮本になってから、選挙、選挙と、党活動のなかで選挙の比重が大きくなってきた。

党活動というと、昔は、少なくとも徳田さんの時代では、労働者、農民の中へ入って、労働者、農民と結びついて、共に苦しみ、共に闘うということが基本だったのです。もちろん、徳田さんにも議会を通じてという思想があったのですけれども。ところが宮本になると大衆と共に結びついて闘うということがまったくうすれてしまって一番重要な党活動が赤旗や日曜版の拡大と選挙の票集めだけになってしまったのです。だからわたくし達は、実践上から宮本が党を完全に修正主義にダラクさせたことをみぬきました。

――それ以降が、いわゆる例の「赤旗戦略」というのですか？

安斎：そうです。これには、私も責任があるのです。私は党の担当書記だったから。下部の党員が疲弊こんぱいしているのを知りながら、私も紙代回収に全力をつくしました。その結果、ぼくの時で百万部で月一億円ぐらいもうかった。それでどうなったかと言うと、幹部の給料が段々に良くなった。今は中央委員は三十万位とっているでしょう。宮本なんか給料以外に党の自動車をのりまわすので運転手が付く、それに看護婦、ボディガード、秘書が付いているはずです。金があまるから全国の温泉地などに土地を買って別荘を作っている。そして、その別荘を主として使うのは宮本であり、彼らの家族なのです。これは袴田が暴露している通りです。

――袴田が最近週刊誌に書いてますね。あれ本当なんですね。

安斎：ああいうような党員としての生活の腐敗は完全に一致していると思います。共産党はプロレタリア階級の党です。ところが共産党の指導部はどうか、宮本一味、宮本、不破、上田、工藤、小林、彼らは皆んな東大出身です。今では共産党は、東大出身でないと幹部になれないといってもよいと思います。大学を出た人も素晴らしい闘争をしている人もいますが。

革命の準備を急げ

——戦後の「二・一ゼネスト」にいたる共産党の指導、その辺のところを聞かせて下さい。

安斎：革命を根本的に準備する必要があるという考えが日本共産党には弱かったと思います。一九四九年のころ九月革命説というのが飛びだしました。それはたった三十六人、国会に議員が当選したので革命ができると幻想したので九月革命が生まれたのです。その頃、日本の圧倒的多数の労働者階級が革命を求める気持ちになっているかどうかこれを見きわめなくてはならなかったのですが、それを見きわめず九月革命説などといったのです。それから「二・一ゼネストの中止」あれも問題です。伊井君は、ぼくと机を並べて長い間仕事をした同志でした。彼はストを止めろとは言おうとしなかったのです。彼はなかなかストを止めるとは言わなかったのです。そしたら、マッカーサーは徳田さんを通じて伊井君に止めろと言わしたようです。

——斉藤一郎さんがその辺は本で書いていますね。

安斎：二・一ゼネストは弾圧されて成功しなかったであろうけれども、同時に、成功しなかったらその後、どういう事態がおこるかということを見すかしてまたそれに十分備えて、ストライキの成功のために戦い抜くべきだったと思います。あれは、日本の労働者運動では空前絶後の一つのチャンスだったように思います。闘争の中で日本の労働者階級全体を鍛えるということで。

アメリカ帝国主義がおったのですから、ストライキが十日続いたって成功しなかったでしょう。もちろん、人民共和国なんてできっこなかったでしょう。あのストからは。

――日本の支配階級が再び朝鮮侵略戦争に向けた動向を示しているんですが、戦後すぐの朝鮮戦争に対する当時の日本労働者階級の闘いの教訓があれば話して下さい。

安斎：私達は、あの時朝鮮の同志達が示してくれた英雄的な闘いには本当に高い敬意を表しています。われわれは、戦前と戦後のある時期、朝鮮の人達と本当に固く腕を組んで闘いました。

これは、見事なプロレタリア国際主義だったと思います。五五年以降、在日朝鮮人民は朝鮮民主主義人民共和国の公民として活動するようになったんですけど、その過程において、日本の労働運動について朝鮮の人達が果たした役割はたいへん大きかったと思います。その前には在日朝鮮人民は、朝鮮人の組織を作っていたのですが、彼らも全協や日本共産党に入って日本の労働者階級と腕を組んで真剣に闘いました。

戦前の失業者の闘争で各地に失業者委員会が作られましたが、その主なメンバーは朝鮮の人達でした。五一年綱領での火炎ビン闘争でも朝鮮の人達が実に勇敢に闘いましたし、同時に大きな犠牲をはらわれました。（朝鮮戦争の時は、日共の態度は不干渉だったんではないんですか？　内

戦問題とかで、の声）

安斎：いや。それはちがいます。あの時までは、日本共産党はアメリカ帝国主義の朝鮮侵略に反対して勇敢に闘いました。だから日本共産党の中央委員は政治活動を禁止され、アカハタは発行停止をくったのです。不干渉主義をとったのは総評の人達です。例えば事務局長であった高野さんですら朝鮮戦争がぼっ発した時、あれは北朝鮮の侵略からおきたように見ていました。これは誤っていたのですけれども、こういう誤りをもたらしたことについてはわれわれも考えてみるべきことがあります。

――最後に、八〇年代に向けて、この新春座談会を通して、日本の共産主義者、労働者に呼びかけておきたいことを、どうぞ。

安斎：私は、共産主義をめざす人達が、力を合わせて、一歩一歩力に応じて労働者階級の闘争を発展させ、彼らの階級的自覚を高め、労働者階級が日本の歴史を新しく作っていく、そういう主体的条件をこれまた一歩一歩整えるよう、粘り強く活動されることを呼びかけたいと思います。日本革命のもっとも根本的な弱点は、この革命の主体的条件が全く整っていないことにあると思いますから。

――今日は、本当に長い間ありがとうございました。まだまだたくさんお話を聞きたいのですが時間がきてしまいました。先程の若い共産主義者への六つの歴史的教訓は、私達若い者への批判でもあるとうかがったのですが。今日のお話を八〇年代における階級闘争の鍵ともなる日共現代修正主義に代わる本物の単一党建設と共産主義と労働運動の結合にしっかりと生かし、闘いの力に、武器にかえていきたいと思います。今後共に、日本における社会主義革命の勝利のため、日本共産主義運動の今日の分散と混迷を打破していくため、革命を根本的に準備する全ての方面で、共に、手をとりあって闘っていきたいと願っております。ありがとうございました。

（『紅旗』一九八〇年一月十日）

座談会
戦前・戦後における労働運動の特徴と教訓

安斎庫治・堀江壮一・金相泰

――きょうは、戦前・戦後をつうじ、一貫した共産主義者として、日本の労働運動に献身してこられた方々におこしいただきました。これから、戦前・戦後における活動の特徴や教訓をお話しいただき、こんにち日本の労働運動を正しく発展させるにあたって、それらの教訓をどのようにくみとっていったらよいのか、みんなで検討してみたいと思います。

戦前の二七年テーゼから、三二年テーゼにかけて、さらに敗戦までの労働運動が、党の指導のもとにどのようにおこなわれてきたのか。宮本修正主義の党史のなかで、ごまかされ、ねじまげられ、故意に脱落させられている点を復権していただき、それとのかかわりで、戦前における日本の労働運動を語っていただければと思いますが……。

堀江：わたしはね、いまでも共産主義者を志向しているわけだが、きょうの座談会でも、この立場を貫かなければだめだと考えています。そういう姿勢を明確にして、話をすすめていきたい。

安斎：日本の共産主義者は、日本の労働運動を統一するためにたたかうという、重要な任務をになっているんです。戦前もいまも、そのことをあまりはっきりと理解していなかった。このことがまず、日本の共産主義者のひとつの欠陥として、まじめに反省されなければならない点です。さいきん、いわゆる新しいナショナルセンターというやつが、宮本の党から出ているでしょ。あそこにその弱さが、集中的にあらわれています。これは、歴史的にみてもそうなんですよ。

一九二二年十二月、日本共産党ができた直後に、労働組合総連合というものができかかったんです。そのときの連合のあいては、ひとつは総同盟。とうじ党は、総同盟を支持していました。いまひとつは、大杉栄のアナーキストの組合でした。大阪の大会には大杉がでてき、共産党からは山川均、堺利彦がでました。総連合をつくる目的で、天王寺の公会堂で大会をひらきながら、集中か自由連合かで、メチャクチャな論争をやるんです。アナーキストはゆるやかな自由連合を主張した。いわゆるアナ・ボル論争というやつ。とうじ、統一の可能性があったにもかかわらず、それをこわしてしまったのです。

第二に、渡辺政之輔やなんかが、総同盟に入っていくわけですよ。それでいて一九二五年に、労働組合全国評議会というものをつくって、これまた割っちゃう。それ以後どうなっていくかというと、二重労働組合主義になる。この二重労働組合主義というのは、アメリカ共産党の書記長であったフォスターのつくった言葉です。フォスターは、これはまちがいだといっています。すなわち、右翼的労働組合にたいして、左翼的な労働組合を対抗させていくというやり方です。ぼくらあまり利巧じゃなかったので、二七年テーゼと三二年テーゼで、この二重労働組合主義を大いにやったわけだ。

戦後はどうか？　戦後も労働運動の統一問題について、一本でいこうと、いろいろな話し合いがおこなわれているんです。たとえば、西川彦義と高野実がこっそり話しあって、一緒にやろうと内密な話もすすんでいました。西川君は、総同盟にはいっていますよ。こうして統一でいこうというやつを、産別会議をつくるというかたちで、日本の労働戦線を割ることになります。六全協で、そいつはあやまりであったということになり、旧産別の残った人たちは総評にはいりました。ところが、今度はまた、選挙の票がほしいために、新しいナショナルセンターをつくるといっている。これはまちがいだ。

日本の共産主義者は、労働者階級の統一のためにたたかわなくちゃいかん。共産主義者は、みんなそういう立場に立たなくてはいけないとおもうんです。二七年テーゼも、三二年テーゼも、いわゆる二重組合主義です。総同盟に対応して、全国評議会ができました。そのあと、全国協議会というのができました。ぼくはまず第一に、戦前・戦後をつらぬく一つの問題として、われわれ共産主義者は、労働者階級の統一をめざしてたたかわなければならないし、どうして統一していくかという問題については、いろいろ知恵をはたらかして考えていく必要があると思っています。

もちろん、まちがったもののなかにも、前進面がありましたよ。

金：二七年テーゼは、職場で労働者階級をどういうふうにたたかわせるかという問題を、真剣に考えなかった。わたしはいまでも、日本の労働運動は、そういう延長線上にあるとおもうんです。労戦統一や新ナショナルセンターの問題も、階級的な、抑圧され、搾取されている人間、そういう人たちの感性的な階級認識を裏づけにする思想をもたない理論では、どうにもしょうがない。

秩父困民党のときも日本にきた朝鮮人がいっぱいいたし、米騒動のあくる日には、名古屋と京都から朝鮮人が蜂起するんです。京都の柳原というところは、朝鮮人の部落民が多いんです。

その部落民が蜂起するんですよ。それが全国的に波及していく。神戸もそうだし、大阪もそうだし、九州、それから北海道、福島と各炭鉱に。朝鮮人運動がそこからでてくる。ほとんどの炭鉱労働者が、朝鮮人だったから……。米騒動と朝鮮人が一体化する。その米騒動に触発されて、民族運動がでてくる。朝鮮の独立運動が……。こういう運動が吸収されてこないから、秩父困民党いらいの民権運動の思想や、米騒動の思想が、日本の労働運動に裏づけされていないのだ。だから観念的な理論ばかりで、理論闘争がやられている。共産主義運動と労働運動とが、別々の立場に立って運動がすすめられているのじゃないか？　こういう感じがしてしょうがないわけね。共産主義運動と労働運動とは、どういうものか。わたしは共産主義は、労働者階級とプロレタリアート独裁という意味を主導的につかんでいくとどうじに、プロレタリアート独裁は、労働者階級を解放していく。これでいいんだと思うんだけどね。賃金奴隷から自らを解放して、労働者階級が社会の主人公になる。これが革命運動、共産主義運動のたてまえでもあり、本音だと思うんだ。主人公といいながら、労働者階級は主人公になっていない。社会主義をもとめて七〇年も生きてきて、いまは社会主義といいながら、社会主義がぜんぶなくなっている。プロレタリア国際主義は、言葉のうえではあっても連帯はないしね……。

安斎：いま労働運動と共産主義運動がむすびつかない、という指摘があった。ただ、そう言ってしまうと、まずいと思うんですよ。たとえば、初期の共産主義運動、一九二二年につくられた日本共産党は、山川均や堺利彦によって指導された。そういう人たちが中心ですよ。労働者階級の先進分子によって、党がつくられていない。

ところが、二七年テーゼができたとき、コミンテルンが中央委員を決めちゃうんです。中央委員は誰か？　渡辺政之輔、それから大阪では鍋山貞親、東京では杉浦啓一、中尾勝男です。荒畑寒村も候補者に入る。すなわち、労働運動と密接に結びついてる人を、党の指導部にいれた。だからぼくは、日本の共産主義運動が労働運動とむすびつく、そういうものをきりひらいたものとして、二七年テーゼがあったと思う。このときに渡政は、東京合同労組をつくって、もっとも下層の人たちとむすびついてたたかった。

だからぼくは、日本の共産主義運動が、どうやら共産主義運動――労働運動と社会主義をむすびつける、そういう方向に巨大な一歩を踏み出したのが、二七年テーゼだと思います。いいですか、地方では春日庄次郎、あれも出版関係の労働者だった。関西の代表者だが、中央委員ではないですよ。それが十年の刑をくらった。非転向で出てきて、すぐ共産主義者団をつくり、党再建運動をはじめる……。北海道では三田村四郎、九州は藤井哲夫という人、かれといっしょにたたかった田中ウタさんの前のご主人・豊原五郎、あれも立派な人ですよ。斉藤久雄――これは千葉の刑務所で獄死した渡政の弟子です。そういう人たちを、続々と生み出しました。

この時期……それが三・一五でやられ、その翌年また四・一六でやられる。すなわち、過去に蓄積した共産主義者・実践とむすびついてつくられた党員のほとんど全部がやられちゃった。われわれが渡政時代の党を――というのは労働者階級とむすびつく、しかも労働運動と社会主義をむすびつけることを、意味しているのです。これは完全に開花したとはいえないけれども、二七年テーゼのときには、すくなくともその地盤がつくられたといえます。二七年時代における日本共産党は、コミンテルンの援助があり、日本人民のたたかいがあり、そうして党の名に値するものになりはじめた。ところが残念ながら、二七年テーゼがまだ全党員に読まされないうちに、三・一五の弾圧でやられてしまうんです。さきに指摘のように、弱さをわれわれはもっている。けれども二七年のときは、労働者階級と結びついた党をつくろうとした。ただ、経営細胞がなかった。徳球さんはどこへいったか。石川島造船所へはいった。中央委員はみんな経営細胞へはいったんです。渡部義通も、川崎の工場のなかへはいった。義通は、「あのときが一番たのしかった」と書いてますよ。とにかくあの時代には、渡政や国領伍一郎をはじめ、労働者階級のすごい先進的な人たちが出ています。党をささえています。それからあとが悪いんだ……。

堀江：インテリが党へはいるとは、どういうことなのか？　出身階層が中産階級だから、ぼくはしょっちゅう疑うわけだ。党は労働者階級解放のために、労働者階級の先進分子で構成すべきものだ。そこへ戦前に、わたしは党員として推せんされる。光栄のいたりですよ。しかし出身階層は、労働者とちがいます。そんなところへはいる資格があるのかなあ。ところが、レーニンがいっているんですよ。出身階層はどうあれ、意識的に労働者階級の思想を身につければ、党員になれる。これだ！　と、感激したことがある。ぼくはインテリだから、それで納得した。

そのことが不十分なままで、弾圧を受けた党は、みずからを強化するために党員の拡大をやりますから、いろんな分子がはいってくる。外国の党でもみんなそうです。こういう問題が、ブルジョア的な思想をもちこむんです。それをチェックすることが必要なんだ。そういう悩みをもっています。

金：二七年テーゼをみると、そのときはじめて職場へ、生産点へという形で、党が建設されていった。これは間違いないと思うんです。そこから日本の共産主義運動がはじまるが、二七年テーゼにもとづいて、わたしもその後、共産主義青年同盟員となります。それは誰がなんといっても日本共産党の、コミンテルンが承認したひとりの共産主義者として、わたしはいまでも自分で自慢していますよ。誰がなんといおうとも。

安斎：ぼくが追っ払われて日本へかえってきたのは、一九三一年五月なんです。そして、はじめ、東京の城南地区にたたきこまれた。中国におったときには、経営細胞があるんです。学校にも細胞が……。いわゆる細胞（戦前は共青の班を細胞と称した）を基礎とした同盟（共青）だったんです。日本にきたら細胞なんてありゃしない。それで、「どうして日本では、細胞がないんですか？」と聞いたんだ。城南の支部長は、田之上というインテリでしたよ。東大の経済学部におった人で、偉かった、立派な人でしたねえ。おれはこの人に、九月まで飯をくわせてもらった。日本に帰ってきたら、そのころは飯をくうことができなかったの。この人といっしょになって、経営のなかに『無産青年』の読者をふやしましたよ。そしたら、九月ころ、上のほういからオルガナイザーがきた。同盟の細胞をつくるということで。それで、つくられたんです。東京の地下鉄もそうですよ。三二年の三月だな、地下鉄争議をやったのは。あれはね、その前年の九月から組織されたんだ、同盟の細胞が……。松崎浜子などが、細胞をつくりはじめたんだが、ストライキまえには十三～四人ぐらいになった。従業員が三百人ぐらいだったかな。

ぼくがね、どうしても細胞をつくらなきゃいかんとうるさくいうのは、闘争をおこせないからですよ。細胞がなくちゃ。一つの経営で闘争をおこすには、どうしても十人ぐらいの細胞をつくる必要がある。これはなにも文字でおぼえたんじゃない、実際の経験からおそわったんです。いま、うちの党にたいして、不満をもっている人がいる。なんだ、理論だとかなんとかいって、ちっとも闘争やらんじゃないか——と。おれも、それを感じる。ところがこれには、組織的前提条件があるんだ。細胞がつくられなきゃいかん。しかもその細胞が、大衆と密着していなくてはならない。先進的な労働者を、細胞の周囲にひきつける。あの地下鉄のなかまたちは、それをやったんです。そうなってこそはじめて、闘争を問題にすることができる。

金：わたしはそのころ東京市委員会（共青同盟）の地区ビューローに属していた。死んだ大阪出身の高橋（牧野）博之が、書記だった。その地区にはとうじ、同盟の大きい細胞がいっぱいありましたよ。上野・大塚の青バス車庫、市電の大塚車庫、浅草の車庫、ミノワの市電車庫、巣鴨にも市電の細胞があったし、東大には無数にあった。東大では、『赤門戦士』という細胞機関紙がでていたし、立教大には『セントポール』という細胞機関紙があった。大学印刷局の、滝野川にも細胞があった。高沢ゴムにも工場に行くと、青年ばかりの細胞があった。王子の方にも、カジワラというところにゴム工場の細胞があった。そこの争議のときに、王子警察署の襲撃にたいし、はじめて水道戦術をやった。工場のなかから水道のホースをとりだして、警官に水をあびせかけたものだ。

それで、地下鉄争議があったわけでしょ。地下鉄争議は、満州事変と出兵反対のスローガンをかかげた。戦地から帰国しても、復職できないわけです。そのときの職安では反失業闘争、〝仕事よこせ〟というやつが、すごかったですよ。職安でも、日本の満州（中国の東北地方）出兵についての不平不満がつよかったし、そのときの闘争がいま考えてみれば、党がつぶれ、破壊されていく最後のピークかな。

とうじはフラクションというかたちで、党の幹部が組合のなかにはいっていくわけでしょ。組合幹部の多数を党員が占め、多数決でもっておしきっていく。戦後もそうだった、産別なんかも……。とうぜんのことだが、これでは組合が割れるにきまっている。労働組合には、いまでも各党派がはいってやっているが、職場では賃金をはじめとする利益関係で、みんな統一するんですよ。そこから一歩はなれると、派閥あらそいをやっているわけね。そういうふうなのが、かつてもそうだし、いまもあるんじゃないかな。

わたしなんか、そのころさかんに、反失業闘争をやった。玉井や業平橋など、昔の宿場のあったところに職安があって、そこにたむろしている人たちを立ちん坊といった。戦前は市役所の失業救済事業として、東京市が職安をやっていた。だから職安での反失業闘争は、〝仕事よこせ〟でたいへんなものだった。全協で唯一の、前衛的なたたかいをやったのがこれだ。党と青年同盟のビラを、行動隊が毎日のようにまくわけでしょ。きょう五〇〇名は仕事にありつけても、あとあぶれた二〇〇名は、暴動をおこすにきまっていますよ。

安斎：その暴動だがね、やっぱり権力奪取のために、長期に渡って武装蜂起の準備をやるんであって、腹立ちまぎれにやると、すぐにやられるんだ。

そのころはデモが多いんだなあ。たとえば一月は三Ｌデー（レーニン、ローザ、リープクネヒト）だよ。社会党なんか、三Ｌデーなんてやりっこないよ。五月はメーデーでしょ。そうするとね、あんな葬式デモなんかやめっちゃえ。そして、内閣へデモかけろとかね。そのうえに、上からくるやつはひどいんだよ。〇〇にダイナマイトが用意してあるから、それをとって××をやっちゃえとか。そういうような、きわだった革命闘争なんだな。いまの、学生なんてもんじゃないんだよ。田中清玄時代の竹槍メーデーみたいのを、年中指示してくるんだよ。それに八月一日は反戦デー。昔は反戦デーといったら、やっぱりデモをやったんだ。デモやったら、こっちのやつしか出ないんだから、みんなマークされちゃう。せっかく組織したやつがだな、敵にほとんど捕捉されてしまうんだ。

これは、中国共産党でも、李立三、王明のときに、そういう勇敢なことをやった。その結果は、白区における党の組織が、百分の百なくなっちゃったんです。そこから、えりすぐった幹部をふかあく埋伏するという、毛沢東の方針が出てくるわけでしょ。日本共産党も三・一五の弾圧で、このときほとんどの共産主義者がやられたんだから、この弾圧から学んで、えりすぐった幹部をかくすということが必要だったんじゃないか。ところが、いまいったようにデモをやる。こっちを露骨にみんなさらけだすんだよ。その場合、朝鮮の人たちが、一番先頭に立っていたんだ。

金：はじめ、在日朝鮮人労働者は、日本に朝鮮労働総同盟という組織をもっていたんです。二七年テーゼで、ぜんぶそれが全協に解消してしまいました。東京では職安にたむろしていた立ちん坊が、みんな関東自由労働組合にはいっていた。朝鮮人労働者は、そこへみんな集約されたんです。それがあとで、全協の土木労働組合に解消させられていきました。

安斎：一九三六年の二月、岡野（野坂参三）、田中（山本懸蔵）は連名で、「日本の共産主義者への手紙」をよこすんですよ。いままで総同盟に対抗する勢力として全協をつくってきたけど、こんどは〝総同盟に入れ〟といってきた。路線転換がおこなわれているんですよ。その路線転換の意味が、とうじ刑務所にいた人たちにはあまりわからなかった。それから、刑務所から出てきたら、すぐもぐるのはやめなさい。合法的に活動しろ――と、はっきり書いていますよ。これはね、コミンテルン第七回大会の決定にもとづいて、日本の運動について指示してきたものです。

以前は労農党の大山郁夫さんや細迫兼光を、「輝ける委員長」「輝ける書記長」だといったが、コミンテルン第六回大会の決定（社会ファシズム論）にもとづいて、ぼくらはあれは裏切り者だ、裏切り者の張本人だといって、新労農党を結成するやつはぶっつぶすんだといった。本当に単純だったんだ。

あのころ労働運動では、加藤勘十はある意味では合法左翼なんだ。労働クラブ排撃という運動があるんだが、勘十などはこうした右翼的な傾向に対抗するんだ。ところが、日本共産党がとうじとった路線のなかで、いまでも考えなければならないのは、社民主要打撃論、これは左翼であればよけい悪いという論で、ここに打撃を集中するんです。社民のなかでも、右翼は打撃していいんだよな。だけど左翼とは、路線的な闘争をやっても、あくまでも団結する。闘争と団結という、この二つの武器をじょうずに使えるようにならなくちゃ、ぼくらはだめだと思う。

ところが、加藤勘十のとこは、全協のメンバーがどんどんはいっていった。高野実のとこも、はいっていって、こっちがさ、加藤勘十は除名、高野実も除名。それがこんどは、コミンテルン第七回大会の決議がくると、総同盟や、除名したやつのところへ、はいっていかなきゃならんのだよ。あれをのみこむのは、ぼくらにはなかなか難しかったんだ。ぼくらは、社民主要打撃論だった。それがこんどは、あいつらと手を組んでやれというんだから……。日本の共産主義運動のセクト主義というものが、そういうところにあった。それがね、結局のところ党をなくし、青年同盟をなくしてしまったんじゃないのかね。コミンテルン執行委員の片山潜の書いたものでも、労農党なんかクソミソですよ。

それからもうひとつ重要なことは、むかし渡政時代に、「大衆党について」という決議を党はやっているんですよ。この決定にもとづいて渡政は、百回労農党をつぶされたら、百回再建するといっている。ところがコミンテルン第六回大会が、「植民地、半植民地に関する決議」のなかで、ああいうものをつくっちゃだめだということになると、自分の頭でよく考えないで、日本の実情に反してもコミンテルンさまさまだったということだ。だいたいね、日本共産党の戦前の綱領的な文書なんていうのは、ぜんぶむこうでつくってもらったんですよ。日本人が日本の社会をまじめに研究するのは、野呂栄太郎以後じゃないかと思う。

――組合段階では、コミンテルンの方針転換とか、それにともなう共産党の方針変更について、どのような切りかえができたのかうかがいたいですね。そんなのできるわけないじゃありませんか。

安斎：だから分裂したんです。労農党にいくやつと、そいつを批判する勢力と、大阪なんかも二つに割れたんだ。

たとえば、河上肇博士ね、かれは最初、新労農党結成さんせいだったんだ。細迫兼光も最初はさんせい。ところがこれに、共産党がネジをまく。細迫がのく。河上さんものく。それで大山は、ついに日本におれなくなって、アメリカに逃げちゃった。だが逃げられない人間がいるわけだ。そういう連中はまだ、合法的に存在している。

和田四三四なんて人はね、総同盟となかがよかった。それからとうじ、総同盟の下のほうのボスは、何といったって共産主義者というのは、私を無視して献身的にたたかうでしょう。重宝がるんですよ。おれたちが、あいつらを除名しろなんていわなかったらな、かばってくれたんだ。その証拠にね、統制委員をずうっとやってた山辺健太郎、あれは昭和八年に高松の刑務所を出てくるんですよ。出てきて、どこへいったか？　堺にいった。被差別部落出身の労農党の議員で、そのころ社会大衆党にはいっていたひとの家に身をよせ、そこで飯をくったんだよ。

そういう意味では、われわれはいちど友だちになった人にたいして、手のひらを返すよう

な扱いはできないなあ。かれらはぼくらの、プロテクターになってくれたんですよ。だから
ぼくは、労農党撲滅はまちがいだと思うんだ。

——全協にしても、組織的な組合運動が終息するのは、やはり党が壊滅したあとですか。

安斎：そうですね。これはやはりスパイ事件、大泉と小畑の……。当時ね、小畑が全協を指導してきた。全協のキャップだから、スパイにされるんですよ。それで大衆団体である労働組合と、党がケンカするんですよ。農民のほうはどうか？　全農全会派ですよ、宮内さんが総大将で、これが多数派になるわけです。それで袴田がスパイにされる。この多数派の見解は、まちがいですよ。だからといってこっちも、「おまえはスパイだ」といったら、だめです。あれで党と大衆団体が、完全に背をむけてしまった。これで党もまいったし、全協もまいった。それから全農全会派もまけたんですよ。すなわち、大衆組織と党がケンカやったんです。

堀江：天皇制問題でしょ、全協へもってきたのは……。

安斎：そのまえだ、これは。昭和七年九月。これはね、スパイ松村の策動だとぼくは思う。全協はそのころ、党のいうことをきかなかったんですよ。朝鮮の同志ではイン、沖縄の同志では平安名、それに松原。一番悪いのは、天皇制打倒を全協におしつけようとしたことです。天皇制打倒をおしつけられたら、全協のメンバーが治安維持法にふれるんだから。そのとうじは、全協のメンバーはね半非合法。全協のメンバーでも「おい、こい！」といって、ひっ

ぱられるんですよ。だけど二〜三日でかえされたんです。ところが、天皇制打倒を全協におしつけたら、二〜三日ではすまんのですよ。共青でもおれは、本郷から新馬橋、それから渋谷へもっていかれて、そのあと御名御璽でしたからね。

――労働運動史などをみると、たいていは全国水平社の解散宣言をもって、戦前における組織的な抵抗が、基本的には終熄したことになっていますが……。

安斎：在日朝鮮人は、果敢にたたかった。水平社のひとたちもたたかった。それは認める。しかし、日本の労働者はなにも抵抗しなかったかというと、それは事実と一致しない。

たしかに共産党は壊滅し、全協がなくなり、全国水平社は解散した。そのあと人民の抵抗はどうだったかというと、ほりおこさないから空白のままになっている。だが、新丸子の三菱重工では大窪君とか、中西功の弟の篤君、かれなんかが工場のなかで抵抗闘争をやったんですよ。松本慎一、ああいう人が、かれらを援助していたのです。

それにさっきもいったが、岡野・田中の「日本の共産主義者にあたえる手紙」、これは総同盟のなかにいた積極的な人々に大きな影響力をあたえています。また、手紙をみて革命的な労働者は、積極的に総同盟に接触していくんです。その意味では、全協というかたちでは大きな抵抗はなくなったが、総同盟のなかへ、あるいは社会大衆党のなかへはいって、そういう人々のなかへまぎれこんで、人民の抵抗をどう発展させるか、そのなかでどう党を再建するかと模索しながら、ずうっとたたかいつづけたわけです。この後段のところが、宮本修正主義の日本共産党史からは抹殺されていますよ。

日本共産党は、天皇制打倒だけでたたかったように書いてあるでしょ。そうじゃないんだ。たとえば岡野・田中の手紙では、天皇制の最も重要な基礎である軍部ファシスト、これとたたかえということで、天皇制はぐうっと背景におしかくされていると思うのですよ。

その影響で党再建にたちあがった和田さんなど、大阪の人たちなんか、天皇制打倒をださない。おなじく党再建にたちあがろうとした風早八十二さんたちも、天皇制打倒をおもてにださない。そしてむしろ、もっとも危険なファシストを打倒しろ！　というように、戦略的スローガンがかわっているんです。いままで打倒の対象みたいであった社会大衆党にしろ、社会大衆党を中心として人民戦線をつくれと変わっているじゃありませんか？　あきらかに、政治路線の大きな転換があった。そこからあらたなたたかいが、うまれていったのです。

金：朝鮮人運動とか、部落解放運動とか、戦前のことに関するいろんな本がでているのは、ほとんどが特高の調書からとりだした資料なんですね。これはたしかに、事実のまちがいはないわけだ。

まちがいはないんだが、これらの本でもっとも問題なのは、朝鮮人と日本人がいっしょに闘争をやってきたのに、べつべつにえがかれていることです。というのは、特高のなかに内鮮課というのがあって、在日朝鮮人と日本人をわけてしらべるからなんだ。いろんな闘争を日本人と朝鮮人がいっしょにやりながら、しかもひとつの組織関係のなかでのたたかいであっても、調書のうえではぜんぶべつになってしまう。調べる本体がちがうから……。

これがいまの世代に、民族的な分離、階級的な離間策をゆるすことになるのだが、もともと日本と朝鮮のプロレタリア階級は、共通の敵である日本帝国主義にたいして、団結してたたかってきた兄弟なのだということを、ここではっきりと確認しておく必要がある。

堀江：これもよくいわれるけど、ぼくらが刑務所から解放されたときね、すぐ朝鮮の諸君がむかえにきてくれるわね。日本の人だって、むかえにこないわけはないけど、ぼくら歓迎をうけたほうだからよけい印象深い。困難な状況のなかでの、あの力はどこから出てくるのでしょうか。

金：みんなそういってますよ。それは朝鮮の独立ということ、日帝をいかに打倒するかということ、日本帝国主義にたいするうらみつらみが、そういうかたちで出てくるんです。こういうものが、ひとつは原動力になっているんだと思うんですよ。

安斎：そうだよなあ。だいたいね、敗戦後、党を再建するといったって、誰がわれわれをささえてくれたのか。党建設では、朝鮮の人と被差別部落の人たちが、一番ぼくらをささえてくれた。そのころおれたちは、飯もろくろく食えなかった。みんな、朝鮮の人や部落の人たちが食わせてくれたんです。おれも、千葉にいったし、埼玉県へもいった。兵庫県ではたしか、党の委員長が朝鮮の同志だったように思う。

日本共産党のなかに、その指導部のなかにもずうっと朝鮮の同志がおった。中央委員会では政治局員の金天海、それに朴恩哲、保坂浩明、金斗鎔、遠坂さんなど、四分の一くらいは朝鮮の同志が指導的な地位をしめていたんです。

これは不十分であったにしろ、朝鮮の独立で、戦前いっしょにたたかったのは日本共産党だけだったからです。なんぼわるくち言ったって、戦前の党は、朝鮮の独立、中国への侵略絶対反対、ソ同盟擁護をさけんでたたかいぬいたんですよ。それを朝鮮の人たちは、目で見ていた。警察の留置所で、朝鮮の人と共産党員だけだよ、ひどいめにあうのは……。ずいぶんひどい拷問やるんだよ。そういうのを、みんな見ているわけだ。

そういう意味では、日本共産党がんばってくれ——というのが、朝鮮の人たちのなかに、ずっとしみとっていた。朝鮮の独立、解放のためにたたかってくれたのは、日本では共産党だけだ。そういう信頼関係があったんでしょうね。

——戦後の産別会議時代、労働組合にたいする共産党の指導の問題——それをきちんと、総括しておく必要があるのではないでしょうか。

安斎：優点はね、徳田球一さんが全党員にむかって、「労働者のなかにはいれ！」そして「労働者と共にたたかえ！」と、号令したことです。そして、あの産別をつくったんです。そのころの共産党員は、まったく獅子奮迅のたたかいをやりましたよ。徳田さんの指導というやつは、われわれは学ばなきゃいかん。

ただね、やはり労働者階級の統一ということも、あわせて考えてみなくてはいけなかった。そういう意味では、高野実さんなどと協力しようとした西川彦義君の考え方をもっとかみしめてみなくてはいかん。西川君は、総同盟のなかにはいってたたかおうとした。

労働者階級の統一、このことはどういう意味か？　先進的な労働者とともにたたかうだけではなしに、中間的な労働者や、おくれた労働者にも接近し、かれらを闘争にたちあがらせ、かれらの思想をかえるということ。これをやらにゃいかん、ということですよ。ところがやっぱり、産別中心だったからね。この方面の努力が、ひじょうによわかったのではないですか。それが今日の、同盟をひじょうに大きくする、客観的な基礎になっている。やはり、このおくれた労働者にたいする工作を、どうやるか。この問題がやはりいま、われわれになげかけられている問題の一つだと思う。

共産党は、労働者階級の前衛党だから、先進的な労働者をひとりのこらず、その影響下にあつめなければいけないけれども、どうじに中間層や、おくれた層にたいする工作も、放棄していいということにはならない。レーニンは、僧ガポンの組織した労働組合にさえはいってたたかったんですよ。そういう意味で、レーニンの精神を、やはりもう一度復帰させるひつようがあるとおもうんです。

産別をつくったとき、共産党の鼻はまったく高かったんだよな。あのときに指導の問題でやっぱり、左翼社会民主主義をたたくことなしに、共産党は大きくなることはできない――という古い教条、そうした考え方を克服することができなかった。ところが、社会民主主義者にもいろいろある。たとえば、黒田寿男さんのようなかたも社会党員です。

金：あのときやっぱり、産別会議にたいする、共産党の一方的な指導、ひきまわしですよ。党の分身みたいにとらえていたんだ、産別を……。

堀江：組合なりの活動のしかたでいえば、経営に党細胞をつくるというよりは、労働組合内に党フラクションをつくるみたいなね、そういう傾向が、つよすぎたんじゃないか。党の組織がやることといえば、労働組合対策ばかりだった。

安斎：共産党本部には、水曜会というのがありましてね。水曜会には、組合のフラクションを集めるんです。そして、毎週、毎週、組合対策をやる。それで、指導するわけだ。それから〝敵〟にたいする態度を持って、おくれた幹部なんかをたたいた。内部矛盾としてではなしにね。それが国鉄民同だけでなしに、いたるところに民同をつくりだしていく、一つの原因になっている。

金：組合本部のフラクションによって、経営の細胞が指導されるわけですよ。

堀江：大阪でも、オルグ集団による組織指導になった。これは強い。闇専従ばかりふえた。

安斎：党の基本組織というものは、政治局と書記局でしょ。そのほかに、徳田さんが組織活動指導部というやつをつくった。これは長谷川浩だとか、伊藤律がね牛耳っていたんだ。そして、書記局の決定くそくらえだよ。ここが、いちばん力があるんだ。党の下部組織だとか、組合のグループにたいする指導では……。

だからまあ、そのとうじは、長谷川君や伊藤律が、党全体を牛耳っていてね。そういうような指導について、古くからの共産主義者だった野坂だとか、宮本なんかも文句をいわない。いいですか。一九四九年に団体等規制令ができたときに、党員の名簿を公安調査庁にだしたわけだ。こんなことあぶないのはわかりきっているんだ。なんで、そういうことをするんだ。とうぜん、政治局で問題にすべきですよ。それを問題にしないんだ。これは徳田さんを責めるだけでなしに、問題にしなかった者にも責任がある。

もうひとつ、わすれてならないのは、一九四八年にマーカットが、国鉄その他のスト権をうばったときだ。これには労働者が腹をたてた。そして北海道から、職場放棄がはじまったんですよ。労働者の怒りは尊重すべきだが、職場放棄はまちがいだぞと、きちんと指導すべきだったのです。というのは、もどったらみんなクビになってしまった。それは、東北や北海道では屍るいるいたるものだったよ。これなんかも、党を指導するうえでおかしした重大なあやまりですよ。

——では最後に、こんにちの労働運動の問題点をふまえて、運動を正しく発展させるうえでの、戦前・戦後を総括した教訓をひとことずつ……。

金：組織労働者の下層と、下層未組織労働者の階級的統一という問題ですが、元請けの会社の組合活動家——そういう先進分子が、じぶんのかかわっている会社の下請けの労働者、未組織の労働者を組織していくことの重要性を、痛切に感じています。この点をついていかないと、労働運動は発展しないだろうと思っています。

わたしたちがいっている下層の階級的統一、あるいは労戦統一というのは、ただたんに理論構成上の位置付けとしてではなく、階級闘争の本質を思想の原点にもとづいて、それを全階級的に普遍化し、思想的に獲得するものでなければならないと思います。どうしてかというと、労働者階級がその階級的統一、労戦統一をもとめる政治目標は、戦前・戦後における日本の共産主義運動がつちかってきたところの、労働者階級がみずからもとめる自己解放への政治的（階級的）自覚とむすびつかなければならないからです。

そうした政治方向を決定づけ、進路を指導するのは、前衛党の任務です。ところが、戦後の合法化した共産主義運動は、プロレタリア階級独裁の思想を、じっさいの運動のなかで思想化し切れなかったという、重大な弱点をつくりだしてしまった。このような指導理論上における思想性（階級性）の欠如が、かなしいことに今日の「日共」修正主義を浮上させ、労働者階級のすすむべき方向をまどわしているのが現実です。

そしていま、真に労働者階級の前衛をめざすものとして、微弱ながらも党の芽ばえが存立したことにより、その指導的力量が切実にもとめられ、問われているわけだが、しかし実際のところ、情勢に対応しきれないこともまた現実なのだ。

いまこの党のまわりには、多種多様な自然発生的運動が、展開されています。これらの運動を組織し、指導することができる党を、急速に建設しなければならない。その意味でも八一年度のたたかいとらねばならない政治課題として、思想建設を主軸にした実践的な理論建設、組織建設のたちおくれを克服し、一歩前進の一年としたいものですね。

堀江：そのうえに、ぼくは労働運動をどこでやるのかという問題、——ひとつは下層、そのへんを選定して、つっこんでいくべきだとおもいます。

もうひとつは、労働者のおるところはどこでもいい、という意味ではないと私はおもう。そのへんをはっきりと、敵のやっぱりいちばん心臓部へきりこむ。そこを、政治的地図をつくって、選定してほしい。やるべきだ。

それからもうひとつは、運動を正しく発展させるうえで、戦前・戦後をつうじて基本組織の問題を解決する。われわれが、それをつくりあげるのが急務です。そうでないといろいろ理想的なことをいっても、どうにもならないと思います。

安斎：欠陥も優点も党の問題と、ぼくは不可分だと思うんですね。だから党の建設というのは、どんなに重要かということを感じています。そういう意味では、わたしたちは理論、理論といいますけれども、まず労働運動とマルクス・レーニン主義をむすびつけること。日本のいきた革命的実践と、マルクス・レーニン主義の普遍的真理を、真剣にしっかりとむすびつけること。このことがもっとも大切だとおもいます。その努力のなかで、八一年を前にして、もう一つ大事なことは、プロレタリア階級の革命党をめざすわれわれは、労働者階級のたたかいをもりあげ、そのたたかいをつうじて、労働者階級とわれわれ自身をきたえあげ、鍛練していくことが大事だと思います。八〇年代には、日本の労働者階級は、かならず闘争にたちあがる。これは不可避です。ですから、日本のような高度に発達した資本主義国では、その闘争のなかで、たたかう労働者の部隊を幾百、幾千のたたかう党の細胞に組織した、そういう党をつくることが大事です。わたしは、このような幾百、幾千のたたかう細胞をつくらないで、革命的大衆闘争を夢見ることは、絶対にできないとおもいます。そして、この革命的大衆闘争をおこすなかで、すぐれた幹部、すぐれた指導者を、若い労働者やインテリゲンチャのなかから、大量につくりだすことです。ちょうど一九二〇年代に渡政や国領のようなすぐれた労働者幹部を、市川や野呂のようなすぐれたインテリゲンチャの幹部・指導者をつくりだしたように……。わたしには、ここらに日本の共産主義運動の成敗の鍵が秘められているように思われてなりません。

（『プロレタリア』一九八一年一月一日）

第三部　資料編

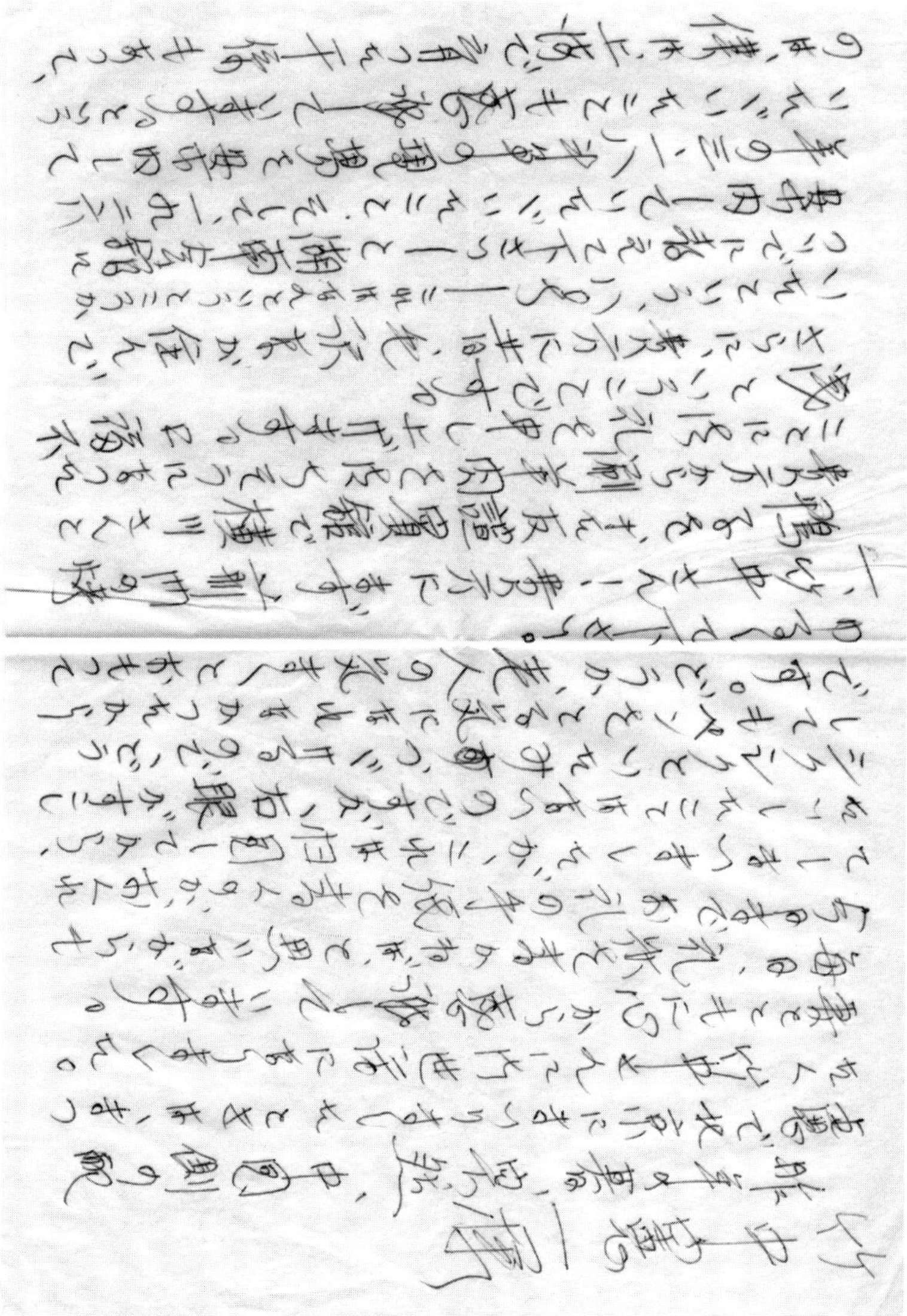

1987年2月6日　竹中宛書簡

一九二五年の五・三〇事件について、どうしても目をうばわれやすいという弱さをもっていたので、五・三〇のあとに、北京では三・一八が行われたことを教えていただければよいように思うからです。

二、日本を出発するときから、こんど北京にいったら、私は、まず、八三年に逝くなられた李俊漢さんと廖承志さんの墓前に、また八五年に逝くなられた恩師ともいうべき王学文さんの墓前にぬかづきたいとおもっていました。この希望が北京についた翌日、王学文さんの御子息と徳隆君の娘婿が、みんなしていただきました。それに、貴方にも早稲田でおばれた李大釗さんのお墓に参拝していただいたことを感謝しています。

三、また、こんどは、李初梨さんの自宅を訪ねることができ、いろいろと歓談させていただいたこと、まったく嬉しいことでした。これは横川さんもよくご承知のことですが、一九四九年中国が解放された直後の一九五〇年をつうじて、私や横川さん、それに石田精一君を、いちばん身近かに指導して下さったのは、李初梨さんであったからです。私たち三人は、いまでも李初梨さんから受けた暖い、そして正しい指導を忘れていません、忘れることができません。その第一は、すでに五〇年頃から李初梨さんが、当時、日本共産党がさかんにやっていた火炎ビン斗争に鋭い批判をもっておられたことと第二は、当時分裂していた党の団結をかちとるために斗う必要のあることを、第三には、党の個人というものは、日本共産党がしっかりとおのれと結びつき、そのなかで、日本人民の状態で基盤にもとづいて、日本の党が独自につくるべきであって、北京やモスクワでつくるようなことを考えてはならないと、おしえてくれたことです。このおしえは、いまでも私の頭に焼きついています。それが[illegible]、当時、徳田や野坂は、モスクワにいって五一年綱領―あのまったく非科学的な綱領をつくったばかりでなく、その誤りを正すための決議―六全協の決議もモスクワにいってつくってしまったのです。私は、このことを横川さんにもぜひ指摘していただきたいと念願しています。そして、健康がゆるされるならば――という条件のもとでです。もう二度と、李初梨さんには、お会いできないでしょう。だから私は、こんど李初梨さんの代を与えるときは、李初梨さんの肩を堅くかたくだきしめて、その感謝の気持ちをおつたえしたあと、李初梨さんの家をはなれました。

四、北京を離れるまえ、国際交流協会の会長でもあり、中国共産党中央顧問委員会の常任委員会の常任委員でもある、李一氓さんの招宴に出席できたことは、まったく望外の幸せでした。ずっと長い間、私は李一氓さんが、私たちをいつも離れた遠いところから励まされていた指導者と考えていました。ところが、最近、王学文さんが逝くなられ[illegible]すえに書きのこされた「中国社会科学家連盟についての回想」録をよむと、一九三〇年、王学文さんたちが、中国社会科学家連盟を組織されたとき、この連盟を指導されたのが、王一氓さんであったことが明らかにされています。とすると王一氓さんは一九三〇年頃すでに私たちのごく近くで私たちを指導して下さったことになります。そうだったのか！といまさらながら感じるとともに一層の親しさを感じました。私は、いまこの手紙を書きながらも、李一氓の御健在で御健斗を心から祈っています。

五、皆さんとお別れしたあと、私たち夫

帰は、陸さんに案内していただいて貴州の貴陽に飛び、ついで自動車であこがれの遵義にまいりました。私は一九六一年、毛沢東選集第四巻の翻訳に参加させてもらって以来、死ぬまでには、ぜひ一度、遵義にいってみたいと思いつづけていただけに、その感激は、ちょっとつくせないものでした。遵義についたその日、あの「史的会遵義会議の開かれた当時、貴州の軍の二十五師第二師の師長であった柏輝章の公館につれていってもらいましたし、毛沢東、張聞天、王稼祥などがとまった公館などにも案内してもらいました。そしてその翌日には、激戦が行われた婁山関にもつれていっていただきました。そしてその翌日は、遵義から貴陽にかえり、十五日、貴陽から上海をとび十七日は上海から成田に帰ってきました。以上がこんどの中国訪問のかんたんな全貌です。この全貌を書くのは、これは私の[illegible]ですが、こんど私が中国に招待された背景には、竹中さんと横川さんの[illegible]の配慮があるのではないかとおもうからです。

六。さて、貴方、竹中さんは、三月にはは
中に帰国されることですが、どう
なりますか？、もし三月に帰国されるこ
となりますなら、私のおねがいですが一つ
僕の願いをきいてくれませんか？　お礼
いというのは——
△李香凝さんの我的回憶——辛亥
革命回憶録に収録されている——
によると「一九一四年、孫文が日本で中華
革命党を結成されたとき、何人かの日本
の友人たちも、中華革命党に参加した。
それは、現在、中国人民革命博物館に
保存されている写真のなかにうつしだ
されている」とあります。
この写真のなかで、中国人では誰と誰が、
また日本人では誰と誰がのっているのか？そして
その日本人のなかで中華革命党に加入し
のは誰と誰であるのかを、しらべてくれませんか？
そして、もしその写真を焼増しコッピイしてもら
えるなら、それをり、コッピイしていただけませ
んか？
△また、貴方もご存じのように、一九五五年八月、
中国[illegible]家が、北京で結成されたので
すが、この写真も中国人民革命博物

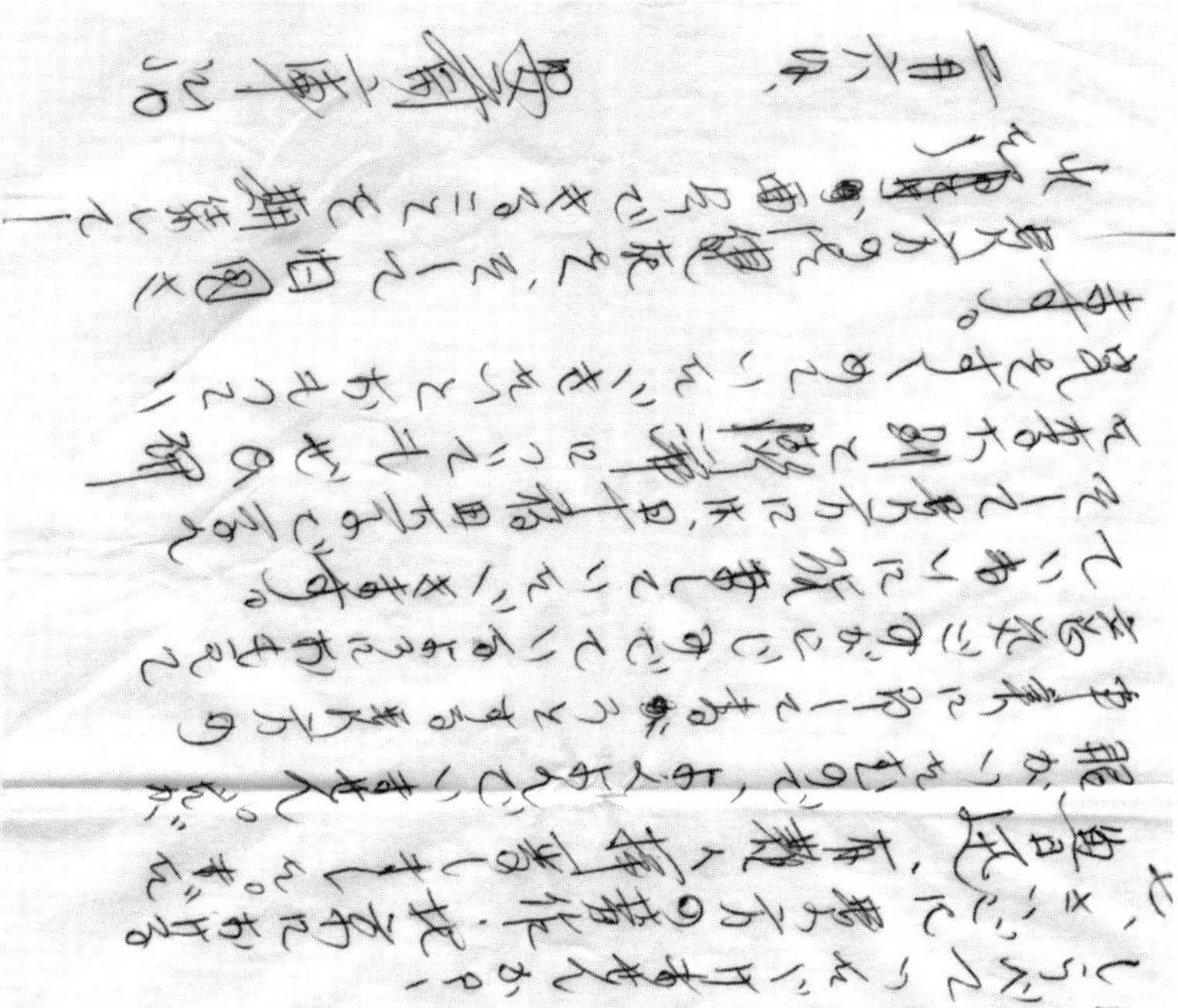

参考にした資料

安斎庫治追悼集刊行委員会編著『安斎庫治追悼集』安斎庫治追悼集刊行委員会、一九九五
安斎庫治『日本共産党綱領批判　とくにブルジョア議会にたいする修正主義路線について』東方書店、一九六七
『滬城に時は流れて――東亜同文書院大学創立九十周年誌』滬友会　一九九二年
大学史編纂委員会 編『東亜同文書院大学史』滬友会、一九八二
『東亜同文書院大学史』滬友会、一九五五
『東亜同文書院大学同窓会名簿　昭和五十八年版』滬友会、一九八二
『東亜同文書院同窓会名簿　一九六七』滬友会、一九六六
『滿洲共產黨運動概觀』南滿洲鐵道經濟調查會、一九三五
日本共産党臨時中央指導部編『斗いは人民の信頼のもとに　日本共産党臨時中央指導部決定集』日本共産党東京都委員会出版部、一九五〇

西野辰吉『首領　ドキュメント徳田球一』ダイヤモンド社、一九七八
伊藤律『伊藤律回想録　北京幽閉二七年』文藝春秋社、一九九三

党大会関連文書、雑誌記事、紀要論文は省きました。このほかC.i.N.i.iや早稲田はじめ大学や研究者の資料（紀要以外）などネットから検索した物多数ありますがそれも掲載は省きました。

安斎庫治年譜

一九〇五年　福島県安達郡渋川村に安斎彦市の次男として生まれる。

一九二〇年（十五歳）小学校卒業後ただちに乙種傭員として満鉄に就職。翌年甲種傭員満鉄見習いとなる。

一九二七年（二二歳）満鉄給費学生として、故加藤新吉先生の推薦と保証のもとに上海東亜同文書院に入学。同文書院在学中、当時朝日新聞社上海支局に勤務していた故尾崎秀実ならびに王学文、馮乃超などと接触、その導きを受ける。

一九三〇年（二五歳）中国共産主義青年団に加入。学友白井行幸、水野成とともに団の支部を結成。同青年団の指導のもとに学校改革運動をおこし、ストライキ（ストライキ委員長）。同時に外国兵士委の指導のもとに上海駐屯日本海軍陸戦隊に対する工作に従事。江田島海軍兵学校生徒に反戦ビラを渡した事件で検挙。

一九三一年（二六歳）白井行幸とともに、中国在留禁止処分をうけ長崎に押送。ここで釈放。白井行幸とともに上京し、プロレタリア科学研究所中国問題研究会に参加。藤枝文夫、浅川謙次、岩村三千夫、尾崎庄太郎などに協力。日本共産主義青年同盟に加入。城南地区オルグをへて中央労働組合部ならびに宣伝煽動部で活躍。

一九三二年（二七歳）森山宜夫とともに中国問題研究所のアジトを訪れたところを逮捕。本富士、新馬橋、堀留、渋谷の各留置所をへて豊多摩刑務所に収監。

一九三三年（二八歳）佐野、鍋山、三田村等の党の指導者転向。獄中に転向の波高まる。

一九三四年（二九歳）公判。市川正一が無期判決を受けても非転向であることに励まされ「あくまで日本共産党の指導のもと闘う」ことを表明。求刑五年判決四年。仙台刑務所に移送。ここで非転向の今野、佐々木、斉藤一郎、海野幸隆などと連絡、共に獄中闘争を闘う。

一九三七年（三二歳）仙台刑務所を非転向で満期出獄。母に伴われて一時故郷の福島へ。出獄後いろいろ手をつくして共青、もっぷる、プロ科、全協、党との連絡に努力したが、失敗。弾圧につぐ弾圧でいずれも組織壊滅してしまったことを知る。

一九三八年（三三歳）就職を決意（しかし、日本には知人を持っていなかったので就職できる可能性はほとんどなかった）。同文書院時代の友人、白井行幸、新庄憲光、中西功などが満鉄に入社していることを知り、満鉄入社を志向。しかし、「いまごろ非転向などといって出獄してきた者を採用するわけにはいかない」との返事で就職に失敗。そこで加藤新吉先生に就職の斡旋について懇請。加藤新吉先生より「満鉄調査部包頭支所に欠員があるが、行く者がいない。ここなら就職できる。行く気があるか？」との連絡を受け、「就職できるならどこでも行く」とこれを承諾。

一九三九年（三四歳）満鉄調査部包頭支所に嘱託として就職。包頭ならびに張家口で勤務。主として土地関係の古文書の整理にあたる。同じ頃、尾崎秀実もまた嘱託として満鉄東京支社に入社。再び尾崎秀実の導きを受ける。

一九四二年（三七歳）上海で西里、中西逮捕。ついで尾崎庄太郎、白井も逮捕。当時張家口満鉄調査室で勤務中の安斎、新庄も『中国共産党の諜報活動をやっている』という嫌疑で逮捕。

このとき警察は「非転向のお前らが何もしていないはずがない。西里、中西は全部泥を吐いた。お前らも正直に言え。協力者もいる筈だ。名前を言え」と攻めたててきたので、安斎は「転向している。何も言えない。ただ、古い文書の整理をしているだけだ」で通し、新庄とともに一人の連累者も出さなかった。微罪不起訴。

一九四三年（三八歳）この逮捕にあたって、危険を省みず釈放のために奔走してくれた偽満蒙政府内政部次長の久原明、人事科長古屋素五郎、地政治科長柿田琢磨などのすすめで再び文書の整理にあたる。

一九四五年（四〇歳）二等兵として（三ヵ月ばかり）徴用。敗戦、帰国。

一九四六年（四一歳）東京で平野義太郎などを中心として進められていた中国研究所の創立に参加。

浅川謙次主催の労農通信社で活動。

日本共産党に加入、調査部勤務、のち副部長、責任者となる。

一九四九年（四四歳）徳田書記長の密命で地下活動（中国に密出国。北京機関に従事）（一九五〇年まで）。

一九五六年（五一歳）六全協後は日本共産党中央組織部宣伝教育部で活動。第七回、第八回、第九回党大会でいずれも中央委員に選出され、書記局員に選ばれる。

一九六一年（五六歳）毛沢東選集第四巻の翻訳に協力。

一九六六年（六一歳）日本共産党第九回四中総で、宮本がベトナム・中国・朝鮮訪問後におこなった報告を聞き、宮本は嘘つきでありもはや彼の指導の下では闘えないと決意。第一〇回大会を契機に辞任。

一九六七年（六二歳）一月、中央委員会野坂議長に意見書「日本共産党綱領批判」を提出。一月三〇日、宮本指導部から除名される。四月、『日本共産党綱領批判』を東方書店から出版。新しい革命政党を創ることを決意し、日本共産党山口県委員会（左派）、神奈川県委員会（左派）に協力。

一九六八年（六三歳）十月、論文集『宮本修正主義批判』を東方書店から出版。

一九六九年（六四歳）三月、山口左派の六一年綱領の維持、セクト主義に反対し、左派党と訣別。

一九七〇年（六五歳）マルクス・レーニン主義、毛沢東思想研究会を組織。ついで日本共産党再建準備委員会を結成。

一九七一年（六六歳）日本共産党革命左派、日本共産党（マルクス・レーニン主義）山口県委員会、日本共産党再建準備委員会によって、前衛党建設をめざすマルクス・レーニン主義全国協議会（三者協議会）を結成。

一九七二年（六七歳）相模原戦車阻止闘争に参加。日本共産党（マルクス・レーニン主義）

一九七三年（六八歳）山口県委員会、日本共産党再建準備委員会の共同機関紙として、『プロレタリア』創刊を指導（一二月一日創刊）。

一九七四年（六九歳）日本共産党革命左派の反米愛国路線とは一致できず、合意のうえ三者協議会を解散。

一九七七年（七二歳）七月、日本共産党（マルクス・レーニン主義）中国地方委員会と日本共産党再建準備委員会の両者によって、日本共産党（マルクス・レーニン主義）全国委員会を結成。党代表委員となる。

一九七九年（七四歳）日本共産党（マルクス・レーニン主義）全国委員会第二回党大会を指導。

一九八二年（七七歳）日本共産党（マルクス・レーニン主義）全国委員会第三回臨時党大会、労働者共産主義委員会との統合を指導。さらに、誠実な共産主義者、先進的な労働者の団結・統合のための活動を継続するも、しだいに健康状態が悪化。糖尿病からくる眼底出血のため入院。右目が失明状態となる。

一九八三年（七八歳）中国の招きで中国にて療養。帰国後、党代表委員辞任を要請、慰留となる。

一九八四年（七九歳）建党協議会予備会議に協力。

一九八五年（八〇歳）再入院し、右眼摘出、自宅療養となる。七月、日本共産党（マルクス・レーニン主義）第四回党大会で党代表委員を辞任。

一九九三年（八八歳）年初から容体急変し、入院。二月十七日午前三時四十三分、川崎市の聖マリアンヌ病院において心不全のため逝去、革命的生涯を閉じる。

あとがき

安斎さんとの約束を果たすことが出来たことに安堵している。もっと系統立てて聞くとかしていればと文字になった今では思うが、どのような話が出てくるか分からない中でインタビューしてお話を伺う事に当時の自分としては目一杯だった。ポイントをつかんでの掘り下げが足りないという部分はお許し戴くしか無い。本書を纏めるにあたっては、いろいろな方に無理をお願いすることになった。

聞き取りにくいテープを沢山の調べ物をして文字に起こして戴いた中国語関係の人独特の中国語が混ざったりした発言のテープから文字起こしをして戴いた札幌の有限会社ありあんぬの新井千栄様、喋り言葉で省略された部分を補い、できうる限りの資料にあたり、多大な時間を割いて調査及び原稿の整理をして戴いた前田年昭様に大変なご苦労をおかけしてしまった。前田さんは、組版の技術と理論に優れ、組継ぎ本考案者 http://goo.gl/8QbGjz、書評、文革の研究など多彩な活動をされている方である。この方々の多大なご協力無しには出版に至らなかった。他にもいろいろな方面でご協力戴いた皆様、またご迷惑をおかけした方々にもこの場をお借りして心からのお詫びと謝意を表したい。

安斎さんは私が日本に戻る前に日本へ戻られ、その後も手紙のやりとり、柿生でされていたお茶屋さんへお伺いするなど交流して頂いた。安斎さんの一生は、日本と中国の狭間で自分の節を曲げること無く自らの生き方を貫き通したということができる。しかしただ単に政治的な側面からのみでなく、どうしてそこに至ったかなども少しは表すことが出来ただろうか。

安斎様も奥様も既にお亡くなりになられ、不明なところもお聞きする事もできないこと、安斎さんが残された資料があれば確認もできるだがそれも難しい情況であるため人名などテープから漢字に確定出来かねる方もおられた。たとえばテープで「こんどう」とあれば、間違いなく「近藤」であろうと考えられるが、複数の漢字が想起される方で調べがつかない方もあった。各種資料によっては肩書きも違う方がおられたが、前後から、また当時の状況、安斎さんがメモを見ながら発言されたことを考えて処理した所もある。一部漢字の読みで安斎さんの思い違いもあったが、明らかなものは修正し、人名等はできうる限り註を付けた。

最後に、『安斎庫治追悼集』からの肖像、二篇の対談、年譜の転載を快くご承諾くださった新世界通信の若杉浩平さんに感謝申し上げる。対談・年譜の初出誌も『追悼集』も一般の目に触れることが少ないため本書を補う貴重な資料となった。

ご覧になってお気づきの所があればご指摘頂ければ幸いである。

竹中憲一

安斎庫治聞き書き　日本と中国のあいだで

2018年10月25日　初版発行

安斎庫治 述
竹中憲一 編

発行者　晴山生菜
発行所　株式会社 皓星社
〒101-0051　東京都千代田区神田神保町3-10
宝栄ビル6階
電話：03-6272-9330　FAX：03-6272-9921
URL http://www.libro-koseisha.co.jp/
E-mail：info@libro-koseisha.co.jp
郵便振替　00130-6-24639

印刷・製本　精文堂印刷株式会社

ISBN978-4-7744-0668-8

竹中憲一の本

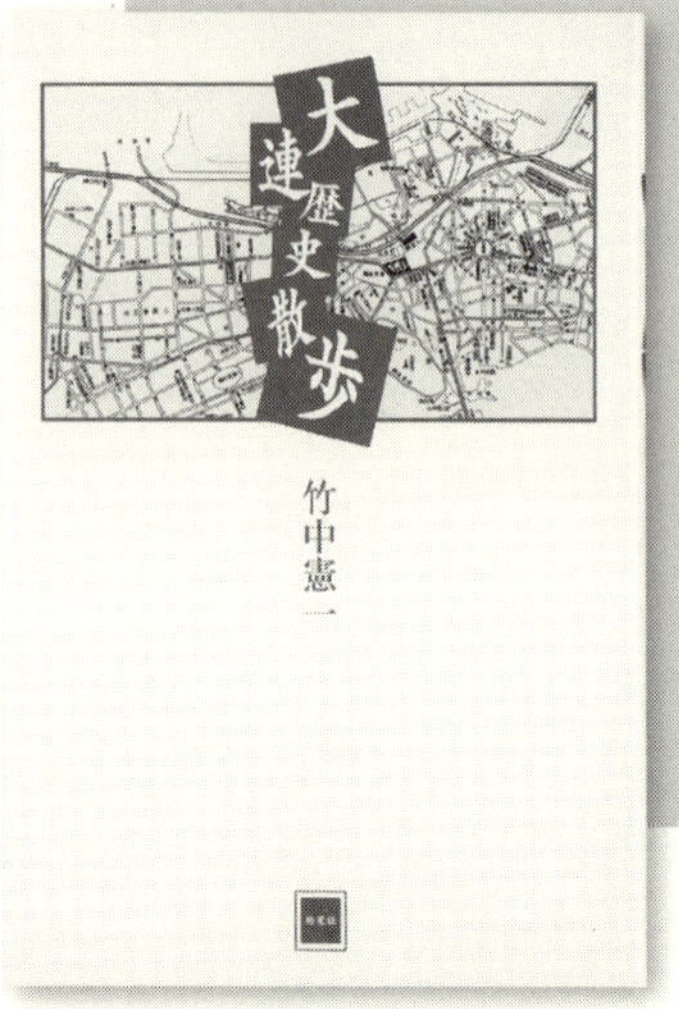

大連歴史散歩

歴史に翻弄された人々の夢と挫折の跡、植民地支配と戦争に蹂躙された人々の汗と涙の跡——。19回にわたる、大連訪問の見聞記。

２００７年11月刊
四六判並製　２３４頁
定価１、８００円＋税
ISBN978-4-7744-0422-6

竹中憲一の本

近代語彙集

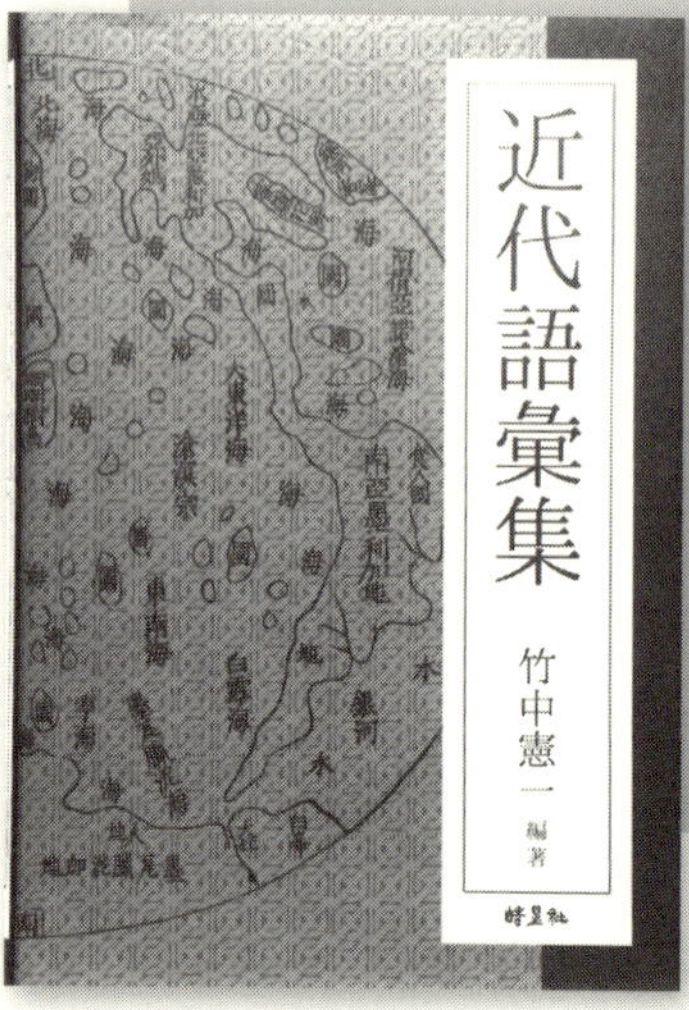

早稲田大学図書館洋学文庫三千余冊の蘭学・洋学書中から「近代語」を採集。十余年の歳月をかけた語彙研究の基礎作業。採録データ二万四千件。

2015年10月刊
A5版上製　718頁
定価17,000円+税
ISBN978-4-7744-0491-2